GEBETE IN ALLEN LEBENSLAGEN

LICHT
erfüllt

GEBETE IN ALLEN LEBENSLAGEN

Herausgegeben vom
Bischöflichen Ordinariat Regensburg

Verlag Friedrich Pustet
Regensburg

Die Ständige Kommission für die Herausgabe der gemeinsamen liturgischen Bücher im deutschen Sprachgebiet erteilte für die aus diesen Büchern entnommenen Texte die Abdruckerlaubnis. © 2022

Die biblischen Texte sind Bestandteil der von den Bischofskonferenzen des deutschen Sprachgebietes approbierten Einheitsübersetzung der Heiligen Schrift. © 2016 Katholische Bibelanstalt GmbH, Stuttgart

Bibliographische Information der Deutschen Nationalbibliothek
Die Deutsche Nationalbibliothek verzeichnet diese Publikation in der Deutschen Nationalbibliographie; detaillierte bibliographische Daten sind im Internet über https://dnb.dnb.de abrufbar.

ISBN 978-3-7917-3394-4

© 2023 by Verlag Friedrich Pustet, Regensburg
Einbandgestaltung, Layout, Satz: Barbara Stefan, Regensburg
Druck und Bindung: Friedrich Pustet, Regensburg
Printed in Germany 2023
www.verlag-pustet.de

Komm, Heiliger Geist, du Helfer im Gebet.
Lass mich ruhig werden
und mach mich frei von allem, was mich ablenkt.
Öffne meine Sinne und meinen Verstand,
damit ich erkenne, wohin du mich führen möchtest.
Leite mich in meinem Beten,
damit ich Gott in allem finde.
Schenke mir das feine Lauschen des Herzens,
das mich sensibel macht für dein Wirken in und an mir.

„STARTHILFE"

zur Verwendung des Gebetbuchs

Ich bitte den **Heiligen Geist**, mich im Gebet zu führen: Seite 7

Ich wähle ein **Gebet** aus, das meinem **Anliegen** entspricht: Seiten 11–205

Ein **Themenregister** hilft mir bei der Suche: Seiten 228–230

Das **Inhaltsverzeichnis** und die den einzelnen Kapiteln zugeordneten Farben erleichtern es mir, mich im Buch zurechtzufinden: Seite 5

Tipp: Wenn mir ein Gebet besonders gut gefällt und ich es während des Tages, auf einer Reise, bei einer Wanderung, … beten möchte, könnte ich mit dem Handy davon ein Foto machen und habe es auf diese Weise immer bei mir.

Ich schließe mein Gebet mit dem **Lobpreis** und dem **„Amen"** ab: Seite 232

Mir hat ein Bildmotiv gefallen und ich möchte das Fenster im Original ansehen. Im **Bilderverzeichnis** finde ich die Adresse der jeweiligen Kirche: Seiten 225–227

„Grüß dich, Gott" vermittelt einen **Einblick ins persönliche Beten** und beschreibt, was es ist: Reden mit Gott: Seiten 207–216

GELEITWORT DES BISCHOFS VON REGENSBURG

„Wir brauchen diese innige Verbindung zu Gott in
unserem Alltagsleben. Und wie können wir sie
erhalten? Durch das Gebet."
*(Heilige Mutter Teresa von Kalkutta, Brief zur Fasten-
zeit 1996 an die Mitarbeiter im Laienstand)*

Dieses Buch möchte allen eine Hilfe sein, die im Alltag ihre Stimme zu Gott er-
heben wollen. Es wurde von der Fachstelle Liturgie zusammen mit der Arbeits-
gemeinschaft „Gebetsinitiative" des Bischöflichen Ordinariates erarbeitet und
wird im Pontifikalamt zum Tag der Gebetsinitiative „fiat" am Hochfest der Ver-
kündigung des Herrn im Dom an die anwesenden Gebetskreise übergeben.

Dieses Gebetbuch greift möglichst viele Situationen, Schwellen und Übergänge,
aber auch Brüche und Nöte des Lebens auf und hält eine reiche Gebetssamm-
lung für jedes Lebensalter und jede Lebenssituation bereit. Es ist ein Gebetbuch
für Familien, für Gebetskreise und Gemeinschaften und für den privaten
Gebrauch. Es will nicht das „Gotteslob" ersetzen, sondern verweist an vielen
Stellen auf das Katholische Gebet- und Gesangbuch.
Das Werk ist durch den „Sonnengesang" des heiligen Franz von Assisi gegliedert.
Die einzelnen Lobpreisungen daraus überschreiben das jeweilige Kapitel: Vor
allem Bitten und Klagen steht das Lob und der Dank. Bilder vor den einzelnen
Kapiteln laden zur Betrachtung ein und stellen zusätzliche Gliederungselemente
dar. Die Auswahl der Gebetstexte in zeitgemäßer Sprache verschiedenster
Autorinnen und Autoren will eine moderne Formulierungshilfe für möglichst
viele Menschen sein. Im Anhang befindet sich auch eine Anleitung zum Gebet.
Gott liebt jeden Menschen übermäßig. Antworten wir ihm im Gebet und
erwidern seine Liebe. Dann verwandeln sich auch unsere menschlichen Be-
ziehungen.

Regensburg, am Fest der Darstellung des Herrn (Lichtmess), 2. Februar 2023

+ Rudolf Voderholzer

Bischof von Regensburg

Gebete
im Verlauf des Kirchenjahres

Höchster, allmächtiger,
guter Herr,
dein ist das Lob,
die Herrlichkeit und Ehre
und jeglicher Segen.

Gebet zum Segnen des Adventskranzes

1

Wir danken dir, Herr, unser Gott.
Du schenkst uns die Freude des Advents.
Voll Hoffnung und Zuversicht erwarten wir
das Fest der Geburt deines Sohnes Jesus Christus.
Im Schauen auf diesen Kranz preisen wir dich
und bitten um deinen Segen,
wenn wir in den Tagen des Advents hier zusammenkommen.
Wir preisen dich, wenn wir diese Kerzen anzünden.
Sie erinnern uns an Jesus, der allen Menschen Licht sein will.
Und wie das Licht der Kerzen immer heller wird,
so lass uns immer mehr dich und die Mitmenschen lieben.

Gebet beim Anzünden der Adventskranzkerzen

2

Wenn wir diese Lichter anzünden, Gott,
denken wir an die Zeichen deiner Treue und Macht,
die du den Menschen immer wieder erwiesen hast.
Deshalb sind diese Lichter während des Advents heilige Lichter.
Sie sollen nicht dem alltäglichen Gebrauch dienen,
sondern nur angeschaut werden
und uns an das Kommen deines Sohnes erinnern.
Durch ihn sei dir Lobpreis und Ehre in Ewigkeit.

Gebete im Advent

3

Jesus, Licht im Dunkel dieser Tage,
damals, bevor du kamst, wusste keiner,
wann es geschehen würde.
Einige erwarteten dich: Johannes der Täufer, Maria, Josef.
Auch heute warten Menschen,
solche, die dich kennen, und solche, die dich nicht kennen.
Komm und zeige dich in unserer Zeit.
Komm und tröste die Traurigen.
Komm und bring Gerechtigkeit und Frieden.
Komm, Jesus Christus, wir warten auf dich.

4

Gott, öffne den Himmel
und regne herab
Frieden und Gerechtigkeit,
Freude und Kraft,
Freundschaft und Liebe.

Gott, öffne den Himmel
und verschlinge den Tod und die Tränen,
die Not und das Leiden.

Gebet zum Schneiden der Barbarazweige (4. Dezember)

(Begeben Sie sich zu einem geeigneten Baum, z. B. einem Kirschbaum.)

5

Gepriesen bist du, Gott.
Deine ganze Schöpfung singt dein Lob.
Du hast sie geheimnisvoll und wunderbar gemacht;
Weltall und Erde, Meer und Land, Luft und Lebewesen,
und auch diesen Baum hier.
Uns Menschen hast du deine Schöpfung anvertraut.
Wir loben dich und danken dir.

(Schneiden Sie nun passende Zweige ab.)

Die abgeschnittenen Zweige
mögen uns an dein Wirken in unserer Welt
und in unserem Leben erinnern.
Auch in dunklen Zeiten
halten wir an der Hoffnung auf ein Aufblühen
und ein Neuwerden fest.

(Gehen Sie in Ihre Wohnung und beten:)

Herr, unser Gott,
du hast Barbara in ihrer dunkelsten Zeit
des Eingesperrt- und Verurteilt-Seins Hoffnung geschenkt.
Du hast uns versprochen, bei uns zu sein alle Tage.

Barbara hat auf deine Zusage vertraut
und darin neue Kraft gefunden.
Sichtbar wurde das im Zweig, der im Winter erblühte
und uns bis heute an diese mutige Frau erinnert.
Auch wir fühlen uns manchmal wie eingesperrt
und erleben Einsamkeit und vielleicht auch Mutlosigkeit.
Herr, wenn wir diese Zweige jetzt ins Wasser stellen,
sollen sie uns jeden Tag daran erinnern,
dass du da bist und uns nahe bist.

(Gießen Sie nun Wasser in die vorbereitete Vase.)

So bitten wir: Schenke du das lebendige Wasser, das uns belebt.
Schenke du Licht in der Dunkelheit,
Mut in der Mutlosigkeit, Hoffnung in der Verzweiflung.

(Stecken Sie die Zweige nun in die Vase mit Wasser.)

Schenke du ein Aufblühen und Neuwerden, Freude und Zuversicht.

(Stellen Sie die Vase mit den Zweigen nun an einen passenden Ort in Ihrem Wohnraum.)

Gebet am Gedenktag des heiligen Nikolaus (6. Dezember)

6

Gott, du Spender alles Guten,
hilf uns auf die Fürsprache des heiligen Nikolaus in aller Not
und steh uns bei,
damit wir – wie er – für Gerechtigkeit
und Frieden in der Welt einstehen.
Gib uns ein großmütiges Herz,
damit wir mit anderen teilen,
was du uns in deiner Güte geschenkt hast.

Kindergebete am Gedenktag des heiligen Nikolaus

7

„Fürchtet euch nicht!",
so hast du die Menschen oft begrüßt
und ihnen gezeigt, wie es gelingen kann,
liebevoll und freundlich miteinander auszukommen.
So wie du hat auch der heilige Nikolaus
den Menschen zugehört, ihre Sorgen ernst genommen
und sich dafür eingesetzt, dass es ihnen gut geht.
Wir bitten dich:
Gib auch uns offene Augen, Ohren, Hände und ein offenes Herz,
um auf uns und andere Menschen zu achten.
Hilf uns, anderen und uns selbst Gutes zu tun.

8

Guter Gott, der heilige Nikolaus war ein Helfer in allen Nöten.
Er hat sich wie Jesus Christus
um die Armen und Schwachen gekümmert.
Wir bitten dich heute an seinem Festtag:
Gib uns ein offenes Ohr für die Nöte um uns
und schenke uns die Bereitschaft zu helfen und zu teilen.
Das erbitten wir durch Jesus Christus,
der für Nikolaus Weg, Wahrheit und Leben war.

Gebete an Weihnachten

9

Wunderbarer Gott,
durch deine Menschwerdung in Jesus von Nazareth
ist dein Wort lebendig geworden.
Du bist uns nahe
und teilst dich den Menschen immer wieder neu mit.
Stärke uns mit deinem Geist,
damit wir Christus immer ähnlicher
und dadurch selbst menschlicher werden.
Darum bitten wir durch Jesus Christus,
unseren Bruder und Herrn.

10

Du Gott,
ein Kind, ein Kind in der Krippe.
Du bist auf der Seite der Kleinen,
du ergreifst Partei für alle,
die nicht angenommen werden.

So lass mich dich nicht in Glanz und Herrlichkeit suchen,
sondern dort,
wo Kinder schreien,
wo Mensch und Tier beisammen wohnen
in den Höhlen und am Straßenrand.

Gib mir die Einfachheit der Hirten
und die Demut der Weisen,
damit ich dich erkenne
als Kind in der Krippe.

Gebet am Fest des heiligen Stephanus (26. Dezember)

11

Guter Gott,
wir danken dir für das Beispiel des heiligen Stephanus,
durch das wir herausgefordert werden,
es ihm gleich zu tun.

Denn in einer Welt,
die oft von Äußerlichkeiten geprägt ist,
ist es nicht leicht, vom Leben bei und mit dir zu reden.
Bleibe du bei uns,
damit wir jedem, ob gelegen oder ungelegen,
treu zu unserer Überzeugung Rede und Antwort stehen.

Gebet zum Segnen und Trinken des Johannisweins (27. Dezember)

12

Gott, du Schöpfer aller Dinge,
wir preisen deinen Namen über diesem Wein,
der Frucht des Weinstocks und der menschlichen Arbeit.
Wenn wir im Gedenken an den heiligen Johannes davon trinken,
schenke uns deinen Segen und Freude am Leben.
Lass uns alle Zeit mit dir und untereinander verbunden sein
und dich auf ewig loben, durch Christus, unseren Herrn.

(Vor dem Trinken prosten sich die Teilnehmer mit den traditionellen Worten zu:)
Trink die Liebe des heiligen Johannes!

Gebete zum Jahreswechsel

13

Die Zeit im vergehenden Jahr
war nicht nur Zeit von Minuten und Tagen.
Die Zeit im vergehenden Jahr
war Zeit der tiefsten Trauer,
war Zeit des höchsten Glücks,
war Zeit des Bangens um Frieden,
war Zeit des Bebens vor Wut,
war Zeit des erschöpften Ruhens
und Zeit des unbekümmerten Aufbruchs.

Die Zeiten sendest du, Gott.
Du wirfst sie uns zu in unseren Schoß.
Du reißt sie uns fort aus unserer Hand.

So sahen wir dein Angesicht im vergangenen Jahr,
so soll leuchten dein Angesicht im neuen Jahr.

14

Gesegnet sei das zurückliegende Jahr
mit all dem, was ich darin gelebt,
geliebt und durchlitten habe.

Gesegnet sei ein neues Jahr,
gesegnet die Wege, die ich beschreiten werde,

die Menschen, denen ich begegnen werde,
die Arbeit, die ich tun werde,
die freie Zeit, an der ich mich erfreue.

Gesegnet seien meine Angst und mein Mut,
meine Hoffnung und meine Enttäuschung,
meine Sehnsucht und Erfüllung.
Gesegnet seien die Menschen,
die mir Geborgenheit schenken.

Gesegnet seien mein Alltag und meine Höhenflüge,
meine Einsamkeiten und meine Freundschaften,
gesegnet jeder Moment, in dem ich liebend
über mich hinauswachse und lebe.

Gesegnet seien alle meine Tage und jede Stunde.
Gesegnet sei jeder Atemzug, der mich belebt.
Gesegnet seien alle meine guten Taten,
die ich im Stillen tue.

Gesegnet möge ich sein mit allem, was mich ausmacht.
Gesegnet möge ich sein durch die Gegenwart Gottes,
der mich liebend hält und trägt.
Gesegnet seien alle Menschen.

15

Ewiger Gott,
die Tage zerrinnen uns zwischen den Händen.
Unser Leben schwindet dahin.
Du aber bleibst.
Gestern und heute und morgen bist du derselbe.
Unsere Zukunft liegt in deiner Hand.
Mache uns bereit für alles, was in diesem Jahr auf uns zukommt,
gehe mit uns durch Jahr und Zeit.

Gebet an Erscheinung des Herrn (Dreikönigstag – 6. Januar)

16

Gott,
du bist verborgen und doch gegenwärtig.
Heute hast du die Herrlichkeit deines Sohnes
in Niedrigkeit unter uns aufscheinen lassen und
ihn als Heiland der Welt kundgemacht.
Wie du die Weisen aus der Fremde zu ihm geführt hast,
so bringe auch uns immer näher zu ihm,
unserem Herrn und Bruder Jesus Christus.

Gebet zur Haus-/Wohnungssegnung an Erscheinung des Herrn

17

Wir preisen dich, Herr, unser Gott,
denn in Jesus, deinem Sohn, willst du unter uns Menschen wohnen.
Er kennt unsere Sorgen und unsere Freude.
Er war zu Gast in Häusern, bei Petrus, bei Marta, Maria und Lazarus.

So bitten wir dich um deinen Segen
für dieses Haus / diese Wohnung,
für die, die hier leben und die zu Gast sind.
Lass uns füreinander da sein
in Momenten des Glücks und des Leids
und einander dienen, wie Jesus es uns vorgelebt hat.
Er, der in der Einheit des Heiligen Geistes
mit dir lebt und liebt in alle Ewigkeit.

(Über der Wohnungstür kann nun mit Kreide geschrieben werden:)

20 C + M̟ + B … *(Dazu wird gesprochen:)*

Christus mansionem benedicat –
Christus segne dieses Haus / diese Wohnung.

(Wenn Weihwasser vorhanden ist, geht man durch die einzelnen Zimmer und besprengt diese mit den Worten:)

Segne, Herr, unser Zusammensein und unsere Mahlzeiten,
unser Arbeiten und unsere Erholung,
unser Schlafen und unsere Muße.

(Wenn Weihrauch vorhanden ist, wird dieser in einem feuerfesten Gefäß
auf die Kohle gelegt. Dazu wird gesprochen:)

So wie der Duft des Weihrauchs diesen Raum durchdringt,
so durchdringe du, o Gott, unser ganzes Leben
mit der Liebe und dem Glanz Christi,
dessen Erscheinen wir heute feiern.

Gebete zur Tauferinnerung am Fest der Taufe des Herrn

18

Allmächtiger, ewiger Gott,
bei der Taufe im Jordan
kam der Heilige Geist auf unseren Herrn Jesus Christus herab,
und du hast ihn als deinen geliebten Sohn geoffenbart.
Gib, dass auch wir,
die aus dem Wasser und dem Heiligen Geist wiedergeboren sind,
in deinem Wohlgefallen stehen
und als deine Kinder aus der Fülle dieses Geistes leben.

(Nach diesem Gebet ist es sinnvoll, sich mit Weihwasser zu bekreuzigen.)

19

(Das folgende Gebet eignet sich besonders zum Beten mit Kindern,
die ihre Taufkerze anzünden.)

Guter Gott,
wir erinnern uns daran, dass wir getauft sind.
Du kennst unsere Namen
und du kennst jeden und jede von uns, so wie wir sind.
Du weißt um uns, wenn wir uns freuen und lachen
und wenn wir traurig sind und weinen.
Wir danken dir, dass du uns begleitest.
Wir entzünden unsere Taufkerze
und verbinden damit den Dank
für die vielen hellen und lichten Momente in unserem Leben.
Wir bitten dich:
Mach es auch da hell, wo wir jetzt nur Dunkelheit sehen.
Guter Gott, du bist bei uns und bleibst bei uns,
heute und unser ganzes Leben lang.

Gebet am Fest der Darstellung des Herrn (Mariä Lichtmess – 2. Februar)

20

(Das Gebet sollte vor einer brennenden Kerze gesprochen werden.)

Gott, du Vater des Lichtes:
Jesus, dein Sohn,
wurde heute als dein Eigentum in den Tempel gebracht
und von Simeon und Hanna als das wahre Licht erkannt,
das alle Welt erleuchtet.
Vor dieser brennenden Kerze bitten wir dich:
Vertreibe das Dunkel aus unseren Herzen
und lass uns Zeugen deines Lichtes sein,
bis wir dich preisen im Heiligen Geist
durch unseren Herrn Jesus Christus,
deinen Sohn und unseren Bruder,
der in unserer Mitte ist, jetzt und in Ewigkeit.

Segensgebet für Liebende am Valentinstag (14. Februar)

21

Guter Gott,
du Gott des Lebens und Quelle jeder Liebe.
Wir sehnen uns danach,
dass unsere Liebe lebendig bleibt
auf unserem gemeinsamen Weg.
Wir wollen uns treu bleiben
und den Zauber des Anfangs bewahren
als kostbares Geschenk aus deiner Hand.
Wirke in uns,
damit wir die Zärtlichkeit nicht vergessen
und das Staunen übereinander nicht verlieren.
Du hast uns wunderbar erschaffen
und im Partner, in der Partnerin begegnen wir dir.
Schenke uns deine Zuversicht und deine Wegbegleitung.

Gebete zu Fasching

22

Gott segne alle Närrinnen und Narren
hier bei uns und überall.

Gottes Segen
stärke unser Brauchtum,
denn das hält die Gemeinschaft zusammen.

Gottes Segen
erfülle uns mit Lebenslust und Freude,
denn das macht uns reich.

Gottes Segen
berühre unsere Herzen,
denn sie werden dann warm und weit.

Gottes Segen
befreie uns von Sorgen und Ängsten,
denn Lachen macht gesund.

Gottes Segen
begleite uns in dieser närrischen Zeit,
dass wir unbeschadet und glücklich hindurchkommen.

23

Schenke mir eine gute Verdauung, Herr,
und auch etwas zum Verdauen.
Schenke mir Gesundheit des Leibes
mit dem nötigen Sinn dafür,
ihn möglichst gut zu erhalten.

Schenke mir eine heilige Seele, Herr,
die im Auge behält, was gut und rein ist,
damit sie sich nicht einschüchtern lässt vom Bösen,
sondern Mittel findet,
die Dinge in Ordnung zu bringen.

Schenke mir eine Seele,
der die Langeweile fremd ist,
die kein Murren kennt und kein Seufzen und Klagen,
und lasse nicht zu,
dass ich mir allzu viel Sorgen mache
um dieses sich breit machende Etwas,
das sich „Ich" nennt.

Herr, schenke mir Sinn für Humor.
Gib mir die Gnade,
einen Scherz zu verstehen,
damit ich ein wenig Glück kenne im Leben
und anderen davon mitteile.

Gebet zu Beginn der Österlichen Bußzeit: Aschermittwoch

24

Getreuer Gott,
im Vertrauen auf dich beginnen wir diese Zeit der Besinnung
und der Bereitung auf das Osterfest.
Wir bitten dich:
Begleite und führe uns in diesen vierzig Tagen,
dass wir uns dir zuwenden, auf dein Wort hören
und dir in den Mitmenschen dienen.

Gebete in der Österlichen Bußzeit

25

Nein
möchte ich sagen mit dir, mein Gott,
zu allem, was lähmt, was krank und depressiv macht.
Gib mir Kraft, mein Gott,
dass ich nein sage
zu allem, was blind macht,
zu allem, was die Sprache verschlägt.

Nein
möchte ich sagen mit dir, mein Gott,
zu allem, was zerstört,
zu allem, was Angst macht.

Gib mir die Kraft, mein Gott,
dass ich nein sage
zu allem, was trennt,
was schwächt.

Nein
möchte ich sagen mit dir, mein Gott,
zu allem, was blendet,
zu allem, was knechtet.
Gib mir die Kraft, mein Gott,
dass ich nein sage
zu allem, was tödlich ist,
zu allem, was verwundet.

Übersetze, mein Gott,
dein Nein in die Sprache meiner Tat,
und lass durch dieses Nein
dein Ja hörbar werden,
mir und aller Welt.

26

Herr Jesus Christus,
du hast vierzig Tage in der Wüste gebetet und gefastet
und der Versuchung widerstanden.
Wir bitten dich:
Steh uns bei, wenn wir schwach sind,
und sende uns deinen Geist, damit wir erkennen und überwinden,
was uns von dir trennt,
der du mit dem Vater
in der Gemeinschaft des Heiligen Geistes
bei uns bist alle Tage und in Ewigkeit.

27

Gütiger Gott,
um deines Sohnes willen
verzeihst du den Sündern ihre Schuld
und schenkst den Gerechten ihren Lohn.
Wir bekennen unser Versagen.
Hab Erbarmen mit unserer Schwachheit
und vergib uns, was wir gefehlt haben.

Gebet am Palmsonntag

28

Gott, Herr über Leben und Tod,
die Frauen, Männer und Kinder, die deinem Sohn zujubelten,
wussten noch nicht, was bevorstand.
Für Jesus selbst war es ein Schritt auf seinen Tod zu.
Doch der Tod behielt nicht das letzte Wort.
Sende uns deinen Geist, damit wir Kraft und Mut finden,
Jesu Weg mitzugehen.
Stärke uns und alle, die leiden, in Glaube, Hoffnung und Liebe.

Gebet zum Segnen der Palmzweige

29

Die grünen Zweige sind ein Zeichen des Lebens.
Wir wissen dieses Zeichen des Lebens zu schätzen.
Gemeinsam bitten wir Gott, diese Zweige zu segnen:
Guter Gott,
mit Palmzweigen geleitet kam Jesus nach Jerusalem.
Diese Zweige seien uns ein Zeichen,
dass er auch zu uns kommt und Hilfe bringt.
Darum bitten wir: Gott, segne diese Zweige.
Schütze uns und alle, die uns anvertraut sind:
im Namen des Vaters und des Sohnes und des Heiligen Geistes.

Gebete am Gründonnerstag

30

Gott, unser Vater,
in der Nacht vor seinem Leiden
hat uns Jesus das Gebot der Liebe gegeben.
Wir bitten dich:
Stärke uns mit deinem Geist,
damit wir eins werden
und glaubwürdig Zeugnis ablegen von deiner Liebe.

31

Gott, dein Sohn ist zu uns gekommen,
nicht um sich bedienen zu lassen, sondern um zu dienen.
Gib, dass wir von ihm lernen, wie wir leben sollen.
Darum bitten wir dich durch ihn, Jesus Christus,
unseren Bruder und Herrn.

32

Jesus, du warst allein in deiner Not.
Du hast zutiefst erfahren, was Einsamkeit heißt:
Verlassen sein, vergessen sein, im Stich gelassen werden,
den anderen nicht einmal eine kleine Mühe wert sein.
Du weißt, wie einsam es macht, wenn niemand da ist,
der die Not erkennt, der einen zu verstehen sucht.

Diese Einsamkeit tut weh.
Jesus, in jener Nacht am Ölberg warst du letztlich ganz allein.
Du hast der Nacht standgehalten,
hast sie durchbetet
und ihr das unbesiegbare Licht
deines Vertrauens zum Vater entgegengestellt.
Lass uns in den Stunden der Einsamkeit deine Nähe spüren.

Gebete am Karfreitag

33

(Dieses Gebet sollte vor einem Kreuz gesprochen werden.)

Gott, wir treten vor dich hin,
weil wir um deine Treue wissen.
Wir treten vor dich hin
als Menschen, die der Erlösung bedürfen.
Wir kommen mit unseren Fragen und Ängsten,
mit unserem persönlichen Kreuz
und dem Kreuz und Leid vieler Menschen auf dieser Welt.
Wir bitten dich:
Lass in uns Hoffnung aufleuchten
im Blick auf das Kreuz deines Sohnes Jesus Christus,
der sich selbst erniedrigt hat bis zum Tod am Kreuz
und den du erhöht hast für alle Ewigkeit.

Herr Jesus Christus,
dieses Gebet soll ein Lobpreis sein für deine letzte Todesangst,
für alle deine Wunden, deine Schmerzen,
deinen Schweiß, deinen Kummer,
den du auf Calvaria aus Liebe zu uns gelitten hast.
Jesus, ich bitte dich,
opfere deinen Schweiß, dein Blut, deine Wunden
für die Sünden, die wir Menschen begangen haben.

Herr Jesus Christus,
dieses Gebet soll ein Lobpreis sein für deine letzte Todesangst,
für deinen großen Kummer, dein Martyrium
und für alles, was du gelitten hast, vor allem, als dein Herz brach.
Jesus, ich bitte dich,
opfere dein Martyrium für alle Sünden,
die wir in Gedanken, Worten und Werken
und durch Unterlassungen begangen haben.

Herr Jesus Christus,
dieses Gebet soll ein Lobpreis für dich sein für deine große Liebe,
die du für die Menschheit hast
und die dich zwang, vom Himmel auf unsere Erde zu kommen,
den Kummer, das Martyrium und selbst den Tod für uns zu erleiden.
Jesus, ich danke dir für diese unendliche Liebe,

mit der du dem Menschen das Paradies öffnest,
das wir durch unsere Sünden verloren hatten.

Gebet am Karsamstag

35

Allmächtiger, ewiger Gott,
bei dir ist niemand verloren und vergessen,
auch keiner, der im Grab liegt.
Bei dir ist unser Leben aufgehoben,
weil wir nicht tiefer fallen können
als in deine guten Hände.
Aus dem Leben und Sterben deines Sohnes,
aus seinem Grab und seiner Auferstehung
schöpfen wir die Hoffnung,
die auch uns im Leben und Sterben tragen kann.
Herr, sei gepriesen in Ewigkeit.

(Dieses Gebet eignet sich auch bei einem Grabbesuch.)

BETEN MIT DEM GOTTESLOB
5,3   Dein Kreuz, o Herr, verehren wir

Gebete zum Entzünden der Osterkerze

36

Herr Jesus Christus, du bist glorreich von den Toten erstanden.
Sei gepriesen, wenn wir dieses Licht entzünden.
So, wie diese Kerze die Dunkelheit erleuchtet,
so erhellt deine Auferstehung das Dunkel des Todes.
Sei du in unserer Mitte und schenke uns heute österliche Freude
und dereinst Anteil an deinem Ostersieg.
Dir und Gott dem Vater sei im Heiligen Geist
Lob und Dank gesagt in alle Ewigkeit. Amen. Halleluja.

37

Christ ist erstanden von den Toten,
im Tode bezwang er den Tod
und hat allen in den Gräbern
das Leben gebracht.

38

Gepriesen bist du, Herr, unser Gott, Schöpfer der Welt.
Du erschaffst das Licht und machst das Dunkel.
Doch die Finsternis ist für dich nicht finster,
die Nacht ist hell wie der Tag.
Wir danken dir, menschenfreundlicher Gott,

denn du bringst Licht in die Dunkelheiten unseres Lebens.
In deiner Liebe hast du uns deinen Sohn gesandt.
Er ist das Licht der Welt,
vor ihm flieht das Dunkel des Todes.
In seiner Auferstehung erstrahlt unsere Zukunft.
Durch ihn preisen wir dich jetzt und alle Zeit.

Gebete zum Segnen der Osterspeisen

39

(Das Osterbrot wird auf den Tisch gelegt. Danach beten alle:)

Gott, segne dieses Osterbrot.
Weizenkörner werden in die Erde gesät,
sie sterben und bringen reiche Frucht.
Aus den Körnern wird das Mehl und das Brot hergestellt.
Jesus Christus ist für uns das lebendige Brot,
das uns Leben schenkt.
Wir danken dir dafür.

(Das Osterfleisch wird auf den Tisch gelegt. Danach beten alle:)

Gott, segne dieses Osterfleisch.
Es ist ein Zeichen für das wahre Osterlamm, für Jesus Christus.
Durch sein Leiden und Auferstehen
haben alle Menschen die Hoffnung auf ewiges Leben.
Wir danken dir dafür.

(Die Ostereier werden auf den Tisch gelegt. Danach beten alle:)

Gott, segne diese Eier.
Die Eier sind ein Zeichen für neues Leben und für einen Neubeginn.
Wir danken dir dafür.

(Der Kren/Meerrettich wird auf den Tisch gelegt. Danach beten alle:)

Gott, segne diesen Kren.
Die Schärfe des Krens erinnert uns an das Leiden Jesu.
Doch Jesus hat das Leiden überwunden
und ist auferstanden vom Tod.
Wir danken dir dafür.

(Das Salz wird auf den Tisch gelegt. Danach beten alle:)

Gott, segne dieses Salz.
Wir verwenden es, um Speisen haltbar zu machen.
Salz ist ein Zeichen,
dass die Auferstehung von Jesus Christus
uns unzerstörbares Leben schenkt.
Wir danken dir dafür.

(Die Kräuter, z. B. Kresse, Petersilie, Schnittlauch …,
werden auf den Tisch gelegt. Danach beten alle:)

Gott, segne diese Kräuter.
Das Grün der Kräuter steht für das Wachsen und Gedeihen.
Es soll uns erinnern, dass aus dem geöffneten Grab
neues Leben keimt, blüht und Frucht bringt.
Wir danken dir dafür.

*(Es können auch noch andere Speisen auf den Tisch gelegt werden.
Abschließend beten alle:)*

Gott, so wie Jesus nach seiner Auferstehung unter seinen Jüngern
war, so vertrauen wir darauf, dass Jesus auch jetzt unter uns ist.
Gemeinsam erinnern wir uns an seinen Tod und seine Auferstehung
und bitten dich:
Schenke uns und allen unseren Lieben deinen Segen.

40

Herr, du bist nach deiner Auferstehung
deinen Jüngern erschienen und hast mit ihnen gegessen.
Wir danken dir, dass du uns heute
in österlicher Freude versammelt hast,
um die Osterspeisen zu genießen.
Segne dieses Brot, die Eier und das Fleisch
und sei bei diesem Mahl in unserer Mitte.
Stärke unter uns das Band der Gemeinschaft,
der Eintracht und des Friedens.
Versammle uns einst zu deinem ewigen Ostermahl,
der du lebst und herrschst in alle Ewigkeit.

Gebete in der Osterzeit

41

Gott,
wälz den Stein weg,
der mich hindert zu glauben.
Ich möchte glauben,
dass du das Leben bist
und dass du den Tod überwindest.
Ich möchte glauben,
dass du bereits damit begonnen
und Jesus zu einem neuen Leben erweckt hast.
Wälz den Stein weg,
damit ich glaube
und österlich lebe.

42

Gott des Lebens,
durch die Auferstehung deines Sohnes wissen wir:
Der Tod ist überwunden,
der Weg zu dir steht offen,
unser Leben ist unvergänglich.
Hilf uns, in dieser Gewissheit unser Leben anzunehmen
und daraus zu machen, was du von uns erwartest.

43

Gott,
deine Treue hat Jesus aus dem Tod gerettet.
Sie ruft auch uns in die Herrlichkeit des neuen Lebens.
Lass diese Zuversicht in unser ganzes Leben dringen.
Lass diese Freude aus unseren Taten erstrahlen.

Gebete an Christi Himmelfahrt

44

Allmächtiger, ewiger Gott,
dein Sohn ist auf die Erde gekommen, um uns zu erlösen.
Du hast ihn von den Toten auferweckt
und zu deiner Rechten erhöht.
Schenke uns das Vertrauen,
dass auch wir zu der Herrlichkeit gerufen sind,
in die Christus uns vorausgegangen ist.
Er, der in der Einheit des Heiligen Geistes
mit dir lebt und herrscht in Ewigkeit.

45

Gott,
oft genug denken wir:
Du bist im Himmel, weit weg von uns,
hoch über den Wolken.
Weit weg von uns und unseren Angelegenheiten,
weit weg von uns und unseren Sorgen.
Oben im Himmel, fern von uns.
Doch du lässt dich nicht abschieben,
sondern bleibst bei uns.
Unsere Erde ist deine Schöpfung,
alles Leben ist ein Geschenk von dir.
Mit der Himmelfahrt deines Sohnes
bist du uns nicht fern gerückt,
sondern bist uns immer und unbegrenzt nahe.
Ja, deine Güte reicht, soweit der Himmel ist,
und deine Wahrheit, soweit die Wolken gehen.
Gott, du bist größer als das Weltall
und kleiner als ein Senfkorn.
Wo du bist, ist der Himmel –
im Himmel und auf Erden.

Heilig-Geist-Gebete (Pfingsten)

46

Komm, Heiliger Geist,
du Geist der Wahrheit, die uns frei macht.
Du Geist des Sturmes, der uns unruhig macht,
Du Geist des Mutes, der uns stark macht.
Du Geist des Feuers, das uns glaubhaft macht.
Komm, Heiliger Geist,
du Geist der Liebe, die uns einig macht.
Du Geist der Freude, die uns glücklich macht.
Du Geist des Friedens, der uns versöhnlich macht.
Du Geist der Hoffnung, die uns gütig macht.
Komm, Heiliger Geist!

BETEN MIT DEM GOTTESLOB
7,1   Komm, Heiliger Geist
7,2   Atme in mir, du Heiliger Geist
7,3   Himmlischer König
7,4   Ich glaube an den Heiligen Geist
7,5   Sende uns, Herr, deinen Geist
342   Komm, Heiliger Geist
701,7   Komm, Heiliger Geist
701,8   Heiliger Geist, erleuchte meinen Verstand
701,9   Heiliger Geist, du Geist des Rates

47

Großer Gott,
du wirbst um Menschen in den Zeichen von Sturm und Feuer.
Sende deinen Geist in unser Leben,
und sprenge mit dem Feuer deiner Weisheit
die engen Grenzen unseres Denkens.
Darum bitten wir durch unseren Herrn Jesus Christus, deinen Sohn,
der mit dir und dem Heiligen Geist
lebt und Leben schafft alle Tage bis in Ewigkeit.

Gebet an Fronleichnam

48

Gepriesen bist du, Gott unseres Lebens,
denn du gabst Israel das Manna zur Stärkung
auf dem Weg durch die Wüste.
Wir danken dir für deinen Sohn, das lebendige Brot vom Himmel.
Mit fünf Broten und zwei Fischen nährte er Tausende von Menschen.
Am Abend vor seinem Tod schenkte er sich selbst in Brot und Wein.
Am See von Tiberias nahm er noch einmal das Brot,
gab es den Seinen und zeigte sich als der Auferstandene.
Gepriesen sei Jesus im Geheimnis seiner Gegenwart.
Wir bitten dich:
Erleuchte unser Herz mit dem Licht des Glaubens

und entzünde uns mit dem Feuer deiner Liebe,
damit wir deinen Sohn Jesus Christus mit unserem Leben ehren.

Gebet am Herz-Jesu-Freitag oder am Herz-Jesu-Fest

49

Guter Gott,
du hast ein Herz für mich,
das bereit ist, sich ganz hinzugeben.
In Jesus hast du uns gezeigt,
dass du die Zerbrechlichkeit
eines Menschenlebens nicht scheust
und dass du zu deiner Liebe stehst,
auch wenn Menschen sie ablehnen.
Schau mein Herz an,
wie es sich müht,
dem deinen ähnlich zu werden,
und doch immer wieder scheitert an seiner Enge.
Herr, du kannst aus Leere Fülle machen.
Du kannst meinen guten Willen sehen
auch dann, wenn mir die Kraft fehlt,
ihn in die Tat umzusetzen.

50

Herz Jesu,
nichts braucht unsere Welt notwendiger als gute Menschen,
als Menschen, die ein Herz haben.
Jesus, du warst immer da für Menschen, die Hilfe suchten.
Du hattest ein Herz für alle.
Mach uns zu Menschen, die ein offenes Ohr haben
für die Sorgen, Nöte und Anliegen ihrer Mitmenschen.
Mach uns zu Menschen, die barmherzig sind.
Dann werden auch wir deine Barmherzigkeit erfahren,
auf die wir alle angewiesen sind.

Gebet am Fest Mariä Heimsuchung (2. Juli)

51

Meine Seele preist die Größe des Herrn,
und mein Geist jubelt über Gott, meinen Retter.
Denn auf die Niedrigkeit seiner Magd hat er geschaut.
Siehe, von nun an preisen mich selig alle Geschlechter.
Denn der Mächtige hat Großes an mir getan
und sein Name ist heilig.
Er erbarmt sich von Geschlecht zu Geschlecht
über alle, die ihn fürchten.
Er vollbringt mit seinem Arm machtvolle Taten:

Er zerstreut, die im Herzen voll Hochmut sind;
er stürzt die Mächtigen vom Thron und erhöht die Niedrigen.
Die Hungernden beschenkt er mit seinen Gaben
und lässt die Reichen leer ausgehen.
Er nimmt sich seines Knechtes Israel an
und denkt an sein Erbarmen,
das er unsern Vätern verheißen hat,
Abraham und seinen Nachkommen auf ewig.

Magnifikat, Lukasevangelium 1,46–55

Gebete am Fest der Verklärung des Herrn (6. August)

52

Geheimnisvoller Gott,
du scheinst auf im Dunkeln und verbirgst dich im Licht.
Du gibst Antwort und stellst doch in Frage.
Du schenkst Begegnung und bleibst doch verborgen.
Wir danken dir für Jesus Christus:
Ihm glauben wir in seiner Herrlichkeit.
Ihm vertrauen wir in seiner Erniedrigung.
Ihm folgen wir auf allen Wegen, die er uns führt.
In ihm sei dir Lobpreis und Ehre dargebracht,
jetzt und in Ewigkeit.

Du wurdest verklärt auf dem Berg,
Christus Gott,
und zeigtest deinen Jüngern
deine Herrlichkeit,
soweit sie diese zu ertragen vermochten.
Lass strahlen auch uns Sündern
dein ewiges Licht
auf die Fürbitten der Gottesgebärerin.
Spender des Lichtes, Ehre sei dir!

Gebet zur Kräutersegnung an Mariä Himmelfahrt (15. August)

54

Der das Grün der Wiesen
uns eingefärbt mit bunten Blumen,
ins Gras noch Kräuter uns gestreut,
damit sie heilen Wund und Weh
bei Mensch und Tier,
er segne euch und das,
was eure Hände heute bringen.

Und lass euch Freude finden
an jeder Blüte – an ihrer Frucht dann auch,
damit wir nicht vergessen,

nein, voller Sehnsucht warten aufs Paradies,
das einmal war, in dem Maria heute lebt –
was uns noch wird!

Der Schöpfer schenke dies
als Vater, der es so gewollt,
als Sohn, der es geliebt,
als Geist, der alles neu gestaltet.

Gebete zum Beginn eines Schuljahres

55

Guter Gott,
wir sind gespannt und neugierig auf die Schule.
Wir sind froh und voller Hoffnung.
Wir sind auch etwas unsicher und haben ein wenig Angst.
Sei du mit uns in diesem neuen Schuljahr.
Sei du mit uns, wenn wir Neues lernen.
Sei du mit uns, wenn wir schwierige Aufgaben lösen müssen.
Sei du mit uns, wenn wir Freundinnen und Freunde suchen.
Sei du mit uns, wenn wir Hilfe und Unterstützung brauchen.
Darum bitten wir dich, guter Gott.

Gott segne alle Schülerinnen und Schüler!

Gott zeige euch den roten Faden
durch das Labyrinth des Lebens!

Gott gebe euch das Gespür
für gute Freundschaften!

Gott lasse euch Rosen mit Dornen sein,
die schön sind, aber sich zu wehren wissen!

Gott lasse euch Bäume sein,
die aus den Wurzeln Kraft ziehen
und allen Winden trotzen!

Gott lasse euch Adler sein,
die aus den Schwierigkeiten
des Alltags zu den Höhen
des Glücks aufsteigen!

Gott segne euch alle!

57

Die Schule beginnt, die Ferien sind vorbei.
Lieber Gott, bitte begleite mich ins neue Schuljahr.
Behüte mich und hilf mir, mich den neuen Aufgaben zu stellen.

Gebete zu Erntedank

58

Gott, du gibst uns deine Gaben.

Du hast uns reich beschenkt mit der Ernte dieses Jahres.
Danket Gott, denn er ist gut. Groß ist alles, was er tut.

Lasst uns danken für die Ernte der Felder, das Getreide und das Brot.
Danket Gott, denn er ist gut. Groß ist alles, was er tut.

Lasst uns danken für die Früchte der Bäume und Sträucher,
für Nüsse, Obst und Saft.
Danket Gott, denn er ist gut. Groß ist alles, was er tut.

Lasst uns danken für die Trauben der Reben und den Wein.
Danket Gott, denn er ist gut. Groß ist alles, was er tut.

Lasst uns danken für die Kräuter, Blumen und den Honig.
Danket Gott, denn er ist gut. Groß ist alles, was er tut.

Lasst uns danken für alles, was wir in diesen Monaten ernten durften.
Danket Gott, denn er ist gut. Groß ist alles, was er tut.

Gott, du Schöpfer der Welt,
du hast uns die Erde anvertraut
und gibst menschlicher Mühe deinen Segen.
Dafür loben und preisen wir dich
und nehmen deine Güte mit Dankbarkeit und Freude an.
Gib, dass wir uns deiner Gaben würdig erweisen
und mit denen teilen, die in Not sind.

Gebet an Allerheiligen

60

Heiliger, ewiger Gott,
du hast uns in die Gemeinschaft deiner Heiligen berufen,
die zu allen Zeiten und an allen Orten deinen Namen verherrlichen.
Lass uns dankbar erfahren,
dass wir in einem endlosen Chor von Glaubenden stehen,
verbunden im Bekenntnis zu dir
und in der Freude, dass wir dich schauen werden
von Angesicht zu Angesicht.

Gebete an Allerseelen

Siehe unter „Gebete im Umfeld von Sterben, Tod und Trauer", Nr. 237 – Nr. 251

Gebete am Namenstag

61

Gott, unser Vater,
du allein bist der Heilige,
und niemand ist gut ohne deine Hilfe.
Gib, dass ich wie der/die heilige *N. N.*
nach deinem Willen lebe
und das Ziel erreiche, das du uns allen schenken willst.

62

Gott, du unergründliche Weisheit,
du hast deinen Geist ausgegossen
über deine Söhne und Töchter
und ihnen deine Größe und Güte kundgetan.
Ich danke dir am Gedenktag des/der heiligen *N. N.*,
dessen/deren Namen ich trage,
dass du ihn/sie mit dem Geist des Rates,
der Stärke und der Frömmigkeit
und mit Liebe zu dir und zu den Nächsten erfüllt hast.
Auf die Fürsprache des/der heiligen *N. N.*
stärke mich, deinem Sohn nachzufolgen.

BETEN MIT DEM GOTTESLOB
10,5   Heilige(r) N., wir tragen den gleichen Namen

Gebete
im Zyklus des Lebens

Gelobt seist du,

mein Herr,

mit allen deinen Geschöpfen.

Segen für jeden Anfang

63

Wir bitten dich, Gott, um deinen Segen.
Schenke uns den Mut und die Entschlossenheit anzufangen,
wenn unser Herz uns drängt,
wenn unser Verstand uns rät,
wenn unsere Überzeugungen es verlangen.
Segne uns und behüte jeden unserer kleinen Schritte.
Sei mit uns bei jedem neuen Anfang.

Gebete am Hochzeitstag

64

Gott der Liebe,
schenke uns Achtsamkeit und Sorgfalt, Stärke und Besonnenheit.
Die Freude am Leben und am Miteinander sei bei uns.
In dir sind wir geborgen in Zeiten des Glücks
und getragen in Zeiten der Not,
denn du liebst uns.
Dein Segen begleite uns.

BETEN MIT DEM GOTTESLOB

16,1   Guter Gott, ich bin glücklich
16,2   Gott, du weißt, warum er mir das angetan

65

Wir danken dir,
dass du uns zu Mann und Frau füreinander gemacht hast,
zum Wort und zur Antwort.
Wir danken dir,
dass wir uns beim Namen nennen können,
DU sagen; DU, ich mag dich,
wie du uns beim Namen gerufen hast.
Wir danken dir,
dass du uns Lust schenkst aneinander und Freude
und uns so den Alltag ertragen lässt.
(Wir danken dir,
für unsere Kinder,
in denen wir uns erkennen, im Guten wie im Bösen,
und deine Zukunft mit uns.)
Wir danken dir,
dass wir uns nicht verdient haben,
sondern ein Geschenk sind,
auf dass wir Tag für Tag in Liebe Antwort geben.

Gebet bei Kinderwunsch

66

Barmherziger Gott, Freund des Lebens.
Wir bitten dich:
Lass Leben wachsen,
lass Leben Schutz finden,
vertraue uns das Leben
der Kinder an.
Und stärke uns,
damit wir es hüten und bewahren
in all seiner Zerbrechlichkeit.

Gebete in der Schwangerschaft

67

Schöpfer allen Lebens,
danke für das Leben in mir.
Neu beginnt ein Leben in mir,
aber auch für mich –
mein Leben beginnt ganz neu.
Lass mich wachsen – mit meinem Kind – für mein Kind
an Zuversicht, Mut, Freude, Dankbarkeit, Kraft
und schenke mir Ruhe und Frieden im Herzen.

68

Leben bist du, Gott, nichts als Leben.
Ich geh schwanger, bin voll Leben,
vom Leben schwer.
Wie schön ist es,
dieses zu spüren und zu liebkosen.
Wie schön ist es,
ein Haus zu sein für das Leben.
Behüte dieses Leben in mir,
schenke ihm die Zeit,
gesund heranzureifen und zu wachsen
in mir und durch mich.
Mit all meinen Sinnen will ich es fördern
und ihm zugewandt sein.
Ja, segne mich, du Gott des Lebens,
und alle, die das Gewicht des Lebens tragen.

Gebete eines Vaters bei der Nachricht von der Schwangerschaft

69

Herr und Gott, meine Frau ist schwanger,
wir erwarten unser erstes / wieder ein Kind.
Meine Gedanken kreisen um Freude und Dankbarkeit,
und doch bin ich nicht frei von Sorgen.
Werden Schwangerschaft und Geburt glücken?
Werde ich meiner Frau in dieser spannenden Phase ein guter Partner
und unserem Kind ein guter Vater sein können?
Guter Gott, hilf mir dabei:
Dass ich meine Frau unterstützen kann,
wo sie mehr Kraft braucht als früher.
Dass ich auf sie mit Güte und Verständnis reagiere,
wenn ihre Stimmungen schwanken.
Dass ich ihr auch den nötigen Abstand lasse,
wenn sie Ruhe braucht.
Und dass wir beide in unserem Hoffen und Planen
dich nicht aus den Augen verlieren.
Du Herr des Lebens, sei bei uns!

70

Gott, du Urheber allen Lebens,
neun Monate war dein Sohn im Leib Mariens,
neun Monate begleitet von der Fürsorge Josefs.
Neun Monate darf ich mich freuen auf die Vaterschaft,
Teilhabe an deiner Schöpferkraft.
Neun Monate aber auch in Sorge um Mutter und Kind,
Vorbereitung auf eine neue Aufgabe im Leben.
Gott, gewähre uns eine glückliche Geburt
und eine gesegnete Zeit als Familie.

Gebet bei einer riskanten Schwangerschaft

71

O Gott, was soll ich nur tun?
Es geht um Leben und Tod.
Hilflos stehe ich da …
Ich bitte dich:
Sei du mir die Kraft und das Licht
für den Weg, den ich gehen werde.
Lass mich nicht im Stich,
wenn ich verzweifelt bin.

O Gott, nimm das Kind
in deine wärmende Liebe hinein,
wenn es sterben muss.
Und erfülle mich mit deiner stärkenden Liebe,
wenn ich das Kind behalten kann,
und gib mir die Kraft, ihm eine gute Mutter zu sein.

O Gott, lass mich, lass das Kind,
lass uns beide nie allein!

72

Im Ultraschallbild
sahen es unsere Augen,
vom Ergebnis der Fruchtwasseruntersuchung
hörten es unsere Ohren:
Unser Kind ist krank, …

Gott, Allmächtiger!
So haben wir uns das nicht vorgestellt!
So bedrohlich kommt
unsere Zukunft uns entgegen!
Umso mehr wird aber deine Kraft,
deine reine Liebe uns stärken,
dass wir das Kind annehmen können.

Segen für das neugeborene Kind

73

Willkommen auf der Erde, du neugeborenes Kind.
Du warst geborgen in meinem Schoß,
umhüllt von meinem Körper.
Du bist gewachsen in deinem ersten Zuhause,
bis du die Reise in diese Welt angetreten bist.

Willkommen auf der Erde, du neugeborenes Kind.
Ich freue mich, dass du da bist
und nehmen dich in meine Arme.
Ich will dir ein zweites Zuhause geben,
bis du in deinem Leben weiterreist.

Willkommen auf der Erde, du neugeborenes Kind.
Du sollst dich hier entfalten können
und den Himmel manchmal geöffnet sehen.
Ich bitte Gott um seine Aufmerksamkeit,
er möge dich, *N. N.*, allezeit segnen.

Gebet für ein Kind im Brutkasten

74

Gott,
ein Mensch in der Krippe, ein Mensch am Kreuz.
Gott ist nicht ganz auf der Höhe,
so wenig wie unser neugeborenes Kind.
Gott ist hier, im Brutkasten, auf der Intensivstation.
Angeschlossen, verkabelt, ganz nah.

Gebet nach der Geburt eines Kindes mit Beeinträchtigungen

75

Lieber Vater im Himmel!
Wir haben uns sehr auf unser Kind gefreut.
Jetzt wissen wir, dass es beeinträchtigt ist.
Gib uns die Kraft,
unser Kind in Liebe anzunehmen.
Hilf dazu, dass es seine Gaben entfalten kann.
Zeige uns Menschen,
die unser Kind fördern können.
Begleite es mit deiner Güte und Treue
und lass es bei uns Geborgenheit finden.

Gebete nach einer Fehlgeburt

76

Du warst ein Kind der Hoffnung,
unsere Liebe umhüllte dich,
unsere Fantasie schmückte dein Leben aus.

Du warst ein Kind der Freude.
Wie eine Blüte ging unser Herz auf,
denn wir erwarteten dich voll Sehnsucht.

Du warst ein Kind des Lebens.
Wir wollten Leben weitergeben
und uns selbst beschenken lassen.

Du bleibst unser Kind.
Doch du bist ein Kind der Sehnsucht,
das zu einem Kind der Trauer wurde.

Du hast sie nicht gesehen,
den Sonnenglanz und die Mondsichel.
Du hast nicht in unsere leuchtenden Augen geschaut.

Gott, lass unser Kind dein Licht sehen,
das strahlende, wärmende Licht deiner Liebe.
Lass es wohnen in deinem Haus,
wo viele Wohnungen sind.

Segne dieses Kind unserer Hoffnung und Freude.
Und segne auch uns in unserer Trauer, du unser aller Vater.

77

Gott segne und behüte dich, Menschenkind,
du hast die Welt nur für einen Augenblick berührt.
Dein Atem war ein Hauch,
so gehe ein in den Hauch Gottes, der dich umhüllt.
Gott, behüte uns und stehe uns bei in allen Tränen, die wir weinen.
Es segne uns Gott, der Vater, der Sohn und der Heilige Geist.

Gebet einer stillenden Mutter

78

Möge es dein Wille sein, Gott, du Quelle allen Lebens,
dass mein Kind genügend Nahrung erhält,
ausreichend für seinen Bedarf.
Lass mich innerlich die Zeit und Geduld finden,
es zu stillen und mich ihm zuzuwenden.
Gib mir einen leichten Schlaf, wenn es weint,
offene Augen und Ohren für seine Bedürfnisse,
und bewahre mich davor,
dass es aus meinen Händen gleitet und stirbt.
Mögen meine Worte und Gedanken dich lobpreisen
und wir in deinem Segen stehen.

Gebet bei ungewollter Schwangerschaft

79

Es war ein schwieriger Moment,
als ich erfuhr, schwanger geworden zu sein.
Ich musste mich setzen, denn ich geriet ins Schwanken.
Schwanger – das war nicht geplant und alles andere als erhofft.
Es durfte nicht wahr sein – und war es doch.
Was würde jetzt nur werden?
Zum Glück hat Gott mich liebevoll gesegnet.
Er gab mir Menschen an die Seite,
die für mich da waren und mit mir gingen.
Sie nahmen mich in ihre Arme
und verstanden meine Sorgen und Ängste.
Das half mir.
Und so wuchs auch langsam meine Zuversicht,
dass es schon werden würde.
Und auch die Liebe zu dem Kind wuchs mit
– und immer mehr zur unbändigen Freude hin.
Das war geschenkt!
Und meine wunderbare Erfahrung,
allzeit in diesem Leben behütet zu sein.

Dank sei dir, Gott, dir alles zur Ehr!
Meine Wege dir immer befohlen, du machst es wohl.

Gebet bei der Freigabe zur Adoption

80

Ich wage es kaum,
mein neugeborenes Kind noch einmal zu sehen,
wissend, es wird ein Abschied sein.
Ich habe Angst, es zu sehr zu lieben.
Was, wenn ich es nicht verkrafte,
es ein letztes Mal zu halten,
und wenn meine Tränen nicht aufhören, es zu liebkosen?
Was, wenn ich der Rührung meines Herzens nachgebe
und noch ins Schwanken gerate?

Gott, sei du mit mir,
die ich mich verloren und ungesegnet erfahre.
Du kennst mich
und weißt um die Beweggründe meines Entschlusses,
dieses mein Kind in andere liebevolle Arme zu geben.
Gib deinen Segen meinem Kind,
damit es geborgen und geschützt aufwachsen kann.
Und segne mich, dass ich mit dieser Entscheidung leben kann.
Es war so meine Entscheidung
für das Leben
aus Liebe.

Gebete bei ungewollter Kinderlosigkeit

81

Du, unser Gott,
wir sind hierhergekommen, so wie wir sind.
Wir bringen dir unsere Trauer, unsere Schmerzen,
unsere unerfüllten Hoffnungen.
Wir suchen deinen Zuspruch und deine Nähe.
Sei bei uns und wende dich uns zu.

82

Und wieder
hat es nicht geklappt. War alles umsonst.
Dieses Mühen, Hoffen und Bangen, unser sehnsuchtsvolles Erwarten.
Wir sind am Ende. Und die Frage quält: Warum?
Warum ist da kein Segen über unserer Schwangerschaft?
Ist es uns denn nicht vergönnt wie anderen,
ein Kind ins Leben begrüßen zu dürfen
als Krönung unserer Liebe, ja wahrlich als Geschenk des Himmels?
Ach Gott, wie würden wir dich loben und preisen!

Wie es nun weitergeht?
Ob wir es noch einmal wagen, für unser Wunschkind alles zu geben?
Wir wissen es nicht. Nur das ist klar:
Dem Sog der Gefühle, die dann wieder in Wallung kämen,

bei all der Gefährdung, hätten wir erneut nichts entgegenzuhalten.
Ob wir das noch einmal ertragen?
Wir brauchen Zeit.
Zeit, um uns zu stärken und füreinander da zu sein.
Zeit, um wieder zu Kräften zu kommen und uns neu auszurichten.

Gott, du hältst das Leben doch in deiner Hand,
bist unser Schöpfergott!
Dir geben wir unser Sehnen hin.

Gebet zur Kindersegnung

83

Gott segne alle Kinder,
dass ihr Weg in die Zukunft offen sei.
Jesus segne alle Kinder,
dass sie viele Herbergen seiner Liebe finden.
Der Heilige Geist segne alle Kinder,
dass sie ihre Schritte mutig
und voll Zuversicht gehen.

Gebete zum ersten Schultag

84

Lieber Gott,
heute ist mein erster Schultag. Ich bin gespannt.
Aber ich habe auch etwas Angst.
Ich will gut aufpassen und mitmachen.
Aber werde ich auch alles verstehen?
Welche Lehrer bekomme ich?
Welche Klassenkameraden?
Kann ich meinen Schulweg bald allein gehen?
Gib mir Lehrer, die mich verstehen,
bei denen das Lernen Freude macht.
Schenk allen Kindern einen guten Anfang.

85

Lieber Gott,
wir danken dir für unsere Tochter / unseren Sohn.
Du hast *N. N.* bis heute gnädig bewahrt vor schlimmem Schaden.
Das ist nicht selbstverständlich – und wir danken dir und loben dich.
Der heutige Tag wird eine große Veränderung in unser Leben bringen,
denn *N. N.* kommt in die Schule.

Man sagt: „Nun beginnt der Ernst des Lebens!"
Wir bitten dich, dass dieser „Ernst" nicht die Freude am Leben
und den Spaß am Lernen vertreibt,
sondern dass unser Kind gerne zur Schule geht,
dort gute und liebevolle Lehrerinnen und Lehrer hat,
dass es wahre Freunde findet,
dass es lernt, mit Erfolgen und Niederlagen umzugehen,
dass es die Aufgaben bewältigen kann, die der Alltag stellt.

Unser Kind wird nun viele Wege gehen,
auf denen wir nicht mehr mitgehen können oder dürfen.
Es fällt uns schwer, unser Kind loszulassen,
und wir wissen doch gleichzeitig,
dass genau das wichtig und richtig ist.

Hilf uns dabei, unser Kind in die Welt zu schicken –
und doch immer sein Zuhause zu bleiben;
es zu ermutigen, die Welt zu entdecken –
und dennoch die Konstante in seinem Leben zu bleiben.

Bewahre unser Kind bei allem, was es tut und lernt.
Wir danken dir, dass du bei *N. N.* bist,
egal wo sie/er ist und was sie/er tut.

Gebet bei Schulwechsel/Übertritt

86

Du Gott unseres Lebens,
voller Erwartung gehe ich heute
in eine neue Schule,
voller Freude, weil etwas Neues beginnt,
aber auch mit Unsicherheit, weil ich nicht weiß,
was auf mich zukommt.
Ich bitte dich um deine Hilfe,
dass diese neue Schulzeit Gutes bringt.
Begleite mich auf diesem neuen Lebensabschnitt,
dass ich mit Hilfe unserer Lehrer und Lehrerinnen,
meiner Eltern
und mit deiner Hilfe
entdecken kann, was in mir steckt.

Gebet vor Prüfungen

87

Herr,
wir schreiben heute eine Arbeit.
Ich bin aufgeregt.
Ich möchte ruhiger und gelassener werden.
Hilf mir,
dass ich so gut arbeite,
wie ich kann.
Lass mich bei Schwierigkeiten nicht mutlos werden.

Sportgebete

88

Wir laufen auf den Rasen.
Mit uns die gegnerische Mannschaft.
Seite an Seite, dann jeder gegen jeden.
Zwei Teams – beide ein Ziel: den Sieg.
Gott der Freude,
Gott der Lebenslust:
Hilf mir, dass ich mich nach meinen Kräften einsetzen kann.
Schenke mir aber auch die Kraft, fair zu spielen
und anderen die Chance zu lassen, die sie verdient haben.

89

Ich danke dir, o Gott,
dass du mir einen Körper gegeben hast,
der gesund und stark ist
und du mich fähig machst, ihn einzusetzen.
Wenn ich mit anderen kämpfe, hilf mir, fair zu bleiben.
Wenn ich gewinne, bewahre mich vor Prahlerei.
Wenn ich verliere, bewahre mich vor Ausreden.
Wenn ich Erfolg habe, bewahre mich vor Einbildung.
Wenn ich versage, bewahre mich vor schlechter Laune.
Und hilf mir, mit frohem Herzen einem Besseren zu gratulieren.

Gebete von Eltern in schwierigen Zeiten

90

Gott,
unser Kind macht uns Sorgen.
Wir sind am Ende unserer Kraft.
Gerne würden wir alles richtig machen.
Hab Erbarmen mit uns und mit unserem Kind.
Zeige uns ein Licht am Ende des Tunnels.
Schenke uns Zuversicht und Kraft.
Steh uns bei, dass wir wieder hoffnungsvoller
in die Zukunft schauen.
Wir lieben unser Kind, du weißt es.

91

Gütiger Gott,
mein Kind gerät auf die schiefe Bahn.
Es hat die falschen Freunde und die falschen Hobbies.
Es kommt nachts kaum noch nach Hause,
es geht Gesprächen aus dem Weg,
es beschimpft mich und verbannt mich aus seinem Leben.
Es trinkt zu viel Alkohol, und ich ahne,
dass auch noch anderes im Spiel ist.
Ich habe Angst, dass es den Weg zurück nicht mehr findet.

Ich bitte dich, pass du auf mein Kind auf,
dass seine Seele und sein Körper keinen Schaden nehmen,
dass es sich öffnet für bessere Wege
und Menschen, die ihm wirklich gut tun.
Hilf mir, für mein Kind da zu sein, ohne ihm Vorwürfe zu machen,
zeig mir, wie ich mich hilfreich verhalte,
und bewahre mich davor, das Falsche zu sagen und zu tun.
Gib mir Liebe und Verständnis
und halte deine Hände schützend um mein Kind.

Gebet, wenn Eltern schwierig werden

92

Herr, ich fühle mich von meinen Eltern nicht mehr verstanden.
Alles, was ich anfange, stößt auf ihren Widerstand.
Ich habe mir meine eigene Welt eingerichtet,
und ich empfinde die Eingriffe meiner Eltern als störend.
Immer wieder enden die Gespräche damit,
dass sie mir ihre Lösungen aufzwingen wollen.
Ich möchte einmal richtig mit ihnen reden,
dass wir uns gegenseitig zuhören und aufeinander eingehen.
Gib uns allen mehr Verständnis.

Elterngebet für heranwachsende Kinder

93

Unsere Kinder gehen jetzt eigene Wege.
Sie sprechen nicht mehr viel mit uns.
Sie suchen.
Gott, hilf ihnen, ihren eigenen Weg zu finden.
Hilf ihnen, Wege zu sich selbst zu finden
und auch die Wege zu guten Freunden.

BETEN MIT DEM GOTTESLOB

707,1   Gott, unser Vater, du Schöpfer
707,2   Die Eltern mein empfehl ich

Gebet zum Abschluss der Schulzeit

94

Himmlischer Vater, du unser Gott,
über unsere Lebenszeit hast du deine Ewigkeit ausgespannt.
Du siehst neue Wege vor, die wir nun zu gehen haben.
Was immer uns erwartet,
Herausforderungen oder Gewohnheiten,
lass sie uns zur Brücke werden,
auf der du uns findest und wir dich.

Gebete bei Berufswahl/Entscheidungssituationen

95

Entscheiden.
Wenn ich es nur könnte, hier und jetzt.
Gott, hilf mir.
Entscheiden.
Wenn ich es nur nicht aufschöbe,
auf morgen und immer wieder.
Gott, hilf mir.
Entscheiden.
Wenn ich doch die Kraft dazu hätte, hier und jetzt.
Gott, hilf mir.

Herr, zeige mir, welchen Weg ich einschlagen soll,
und lass mich erkennen, was du von mir willst!
Lehre mich Schritt für Schritt, nach deiner Wahrheit zu leben.
Du bist der Gott, bei dem ich Rettung finde,
zu jeder Zeit setze ich meine Hoffnung auf dich.
Herr, erinnere dich an dein Erbarmen und deine Liebe,
die du den Menschen von Anfang an bewiesen hast!

Gebet beim Eintritt in eine Berufsausbildung

97

Gott, dir ist es nicht egal, wie es uns geht, dir nicht.
Du willst, dass wir eine bessere Zukunft vor uns haben.
Wir Lehrlinge sind wichtig,
wir können uns gegenseitig etwas geben.
Du nimmst uns alle mitsammen ernst.
Dir ist es nicht egal, ob einer allein dahinstrudelt.
Dir ist es nicht egal, wenn wir nicht weiterkommen.
Du gibst uns Mut.
Du bist dabei, wenn unter uns Schwung und Hoffnung entsteht.
Du bist auf unserer Seite.
Gott, dir ist es nicht egal, wie es uns geht, dir nicht.

Gebet zum Beginn eines neuen Lebensabschnitts

98

Du Gott der Anfänge, segne uns,
wenn wir deinen Ruf hören,
wenn deine Stimme uns lockt
zu Aufbruch und Neubeginn.
Du Gott der Anfänge, behüte uns,
wenn wir loslassen und Abschied nehmen,
wenn wir dankbar zurückschauen
auf das, was hinter uns liegt.
Du Gott der Anfänge, lass dein Gesicht
leuchten über uns, wenn wir in Vertrauen
und Zuversicht einen neuen Schritt wagen
auf dem Weg unseres Glaubens.
Du Gott der Anfänge, schenke uns Frieden,
wenn der eigene Weg uns aufwärts führt,
wenn wir Lebe-Wohl sagen.
Lass die Blumen blühen für jeden von uns,
lass Wind uns den Rücken stärken
und die Sonne warm auf das Gesicht scheinen,
wo immer wir gehen.
Gott der Anfänge, segne uns.

Gebet zu Ausbildung/Studium

99

Komm, Heiliger Geist,
wahrer Quell des Lichtes und der Weisheit,
gib mir Scharfsinn zum Begreifen,
gutes Gedächtnis zum Behalten,
Fähigkeit zum rechten und gründlichen Erfassen,
Feinheit und Genauigkeit im Erklären,
Fülle und Geschick im Ausdruck.
Lehre den Anfang, lenke den Fortgang, führe zur Vollendung.

Gebete zum Antritt einer neuen Arbeitsstelle

100

Gott, schenke mir zum Abschiednehmen
Mut für mein Fortgehen.
Meine Hände lösen sich von bekannten Aufgaben
und sollen frei werden für neue Arbeit.
Gesegnet sei dieses Ende hier.

Gott, segne meine Lust zur Veränderung,
meine Lust auf eine neue Entwicklung.
Meine Füße treten aus bekannten Bahnen
und bewegen sich frei auf neuen Pfaden.
Gesegnet sei mein Aufbrechen.

Gott, schenke mir Kraft zum Neubeginn
wie in einer Geburt.
Lass mich Abschied nehmen von Vertrautem.
Mein Blick möge frei werden für neue Möglichkeiten.
Gesegnet sei mein neuer Anfang.

Gott, schenke mir lebendiges Wasser, das meine Hände stärkt,
lebendigen Wind, der meine Füße beflügelt,
lebendiges Licht, das meine Augen öffnet
und mein Herz erleuchtet.

101

Gott, segne mich
und hüte meine Schritte,
wenn nun mein Fuß
fremdes Land betritt.

Lass Neugier in mir wachsen –
sie wird den Abschied mir erleichtern
und meine Augen auf die Menschen lenken,
die auf mich warten, mich auch brauchen.

Gott, gib mir Weisheit,
das Neue zu bestehen,

ja richtig klug zu lenken,
sodass den Menschen Gutes widerfährt.

Und lass meine Seele wachsen,
der Reife neu entgegen,
die 's Leben will
und groß mich werden lässt.

Das gewähre mir, mein Gott.

Gebete bei einer Haus-/Wohnungssegnung

102

Wir haben dieses Haus / diese Wohnung neu bezogen
und wollen beten, Gott,
um deinen Geist der Weisheit und der Liebe,
der Ruhe und der Stärkung,
und wir bitten dich, bei uns Wohnung zu nehmen.

Wir stehen hier im Eingangsbereich.
Durch diese Tür gehen Menschen ein und aus.
Nähe und Distanz suchen sie. Die Tür ermöglicht beides.
Dein Heiliger Geist schenke die Einsicht
in den rechten Umgang mit Menschen.

Wir stehen im Küchenbereich.
Hier wird die Nahrung zubereitet,
die Leib und Seele beisammen hält.
Sie soll stärken und der Gesundheit dienen.
Dein Heiliger Geist schenke eine glückliche Hand in der Küche.

Wir stehen im Schlafzimmer.
Hier ist der Raum für Vertrautheit und für Erholung.
Dein Heiliger Geist erfülle diesen Raum mit Zärtlichkeit.
Sie soll zur Quelle des Lebens werden.

Wir stehen im Wohnzimmer.
Hier lebt die Gemeinschaft und die Geselligkeit.
Hier ist die Ruhe des Feierabends
und mit den Medien der Blick in die Welt draußen.
Dein Heiliger Geist erfülle diesen Raum mit Heiterkeit und Muße,
mit Lachen und guten Gesprächen.

Gesegnet sei dieses Haus / diese Wohnung
und alle, die hier wohnen.

BETEN MIT DEM GOTTESLOB

16,3   Herr, unser Gott, komm unserem Beten
16,4   Sie haben mir die Arbeit aus der Hand

Gebet zu einem (runden) Geburtstag

103

Gott segne die Jahre meines Lebens.
Gott schaue auf die Jahre der Fülle und die Jahre der Not.
Gott tanze mit der Freude meiner Jugend.
Gott lächle über meinen Humor.
Gott weine mit mir in meiner Trauer und Verlassenheit.
Gott hege und bewahre meine Träume und Hoffnungen.
Gott streichle sanft über meine Wangen.
Gott höre meinen Phantasien leise zu.
Gott zürne über böse Angriffe gegen mich.
Gott heile meine tiefen Wunden.
Gott sehe und höre, was ich anderen Gutes getan habe.
Gott nehme mich liebevoll in die Arme
und führe mich in das Reich seiner Liebe.

Gebet zum Eintritt in den Vorruhestand

104

Gott, mir wurde gesagt,
für mich sei das Berufsleben zu Ende,
ich müsse vorzeitig in den Ruhestand gehen.
Und ich spüre es ja auch: Es ist richtig so.
Herr, lehre mich, meinen Ruhestand

sinnvoll zu erfüllen,
nach Hektik und Hetze Zeit zu finden,
mein Leben in dir und auf dich hin
neu auszurichten,
mich an Schönheiten deiner Welt zu freuen,
mich meinem Leben und den Mitmenschen
neu zuzuwenden.
Hilf mir, nicht zu vereinsamen,
und lass mich mit Mut
die letzte Strecke meines Lebensweges
hin zu dir gehen.

Gebet zum Eintritt in den Ruhestand

105

Heute ist mein letzter Arbeitstag.
… Jahre des Berufslebens gehen zu Ende.

Ich rufe dich an, Gott, du Kraft des Lebens,
eröffne mir neue Ideen, neue Hoffnungen,
damit der Abschied vom Beruf verwandelt wird
in mutige Schritte zu einem erfüllten Leben.

Ich rufe dich an, Gott, du Freund der Menschen,
stärke mir das Herz,
damit ich ohne Angst alte Rollen aufgebe,

neue Schwerpunkte setze
und neu auf Menschen zugehen kann.

Ich rufe dich an, Gott, du Anfang und Ende,
du schenkst Lebenszeit.
Begleite mich, damit ich im Hier und Jetzt leben kann
und allzeit in deinem Segen stehe.

Gebet beim Umzug in ein Altenheim

106

Gott, nun bin ich wohl bei der letzten Station
meiner Lebensreise angekommen,
im Seniorenheim.
Es soll mein Vorzimmer zu dir werden.
Hilf mir, o Herr, nicht zu verbittern und mich nicht einzuigeln.
Ich will meiner neuen Umgebung gegenüber
aufgeschlossen sein,
dankbar für alle Hilfe und Fürsorge, die ich ja benötige,
aber ich will auch das tun, was ich noch kann.
Den anderen Heimbewohnern will ich mich zuwenden,
ohne mich aufzudrängen oder in den Vordergrund zu spielen.
Ich will mich freuen über jeden Besuch meiner Angehörigen,
ihre Sorgen im Geist und im Gebet mittragen
und ihnen keinesfalls vorwerfen, mich abgeschoben zu haben.

Sie brauchen ihre Kraft, ihr eigenes Leben zu gestalten.
Herr, unser Heim steht unter deinem Schutz.
Dir empfehle ich alle, die hier wohnen oder arbeiten.
Sei immer mit uns.

Gebete im Alter

107

Alt und weise
wie der Baum im Garten mit den vielen Früchten.
So lass mich werden, du Gott meines Lebens.

Alt und gut
wie der köstliche Wein auf dem festlichen Tisch.
So lass mich werden, du Gott meines Lebens.

Alt und sanft
wie die Abendsonne im Herbst.
So lass mich werden, du Gott meines Lebens.

BETEN MIT DEM GOTTESLOB

16,5   Guter Gott, ich schaue zurück auf

16,6   Guter und treuer Gott, ich danke dir

108

Bisher habe ich nach vorne geschaut,
auf das, was kommt.
Jetzt blicke ich immer mehr zurück,
auf das, was war.
Gott,
lass mich nicht erstarren im Blick zurück.
Hilf mir,
dass ich weiter nach vorne schaue, auf das, was kommt:
auf dich und dein Reich.

109

O Herr,
bitter ist das Brot des Alters und hart.
Wie erschien ich mir früher reich – wie arm bin ich nun,
einsam und hilflos.
Wozu tauge ich noch auf Erden?
Schmerzen plagen mich Tag und Nacht,
träge rinnen die Stunden meiner schlaflosen Nächte dahin;
ich bin nur noch ein Schatten dessen, der ich einmal war.
Herr, lass genug sein.
Wann wird die Nacht enden und der lichte Tag aufgehen?
Herr, hilf mir, geduldig zu sein.
Zeig mir dein Antlitz, je mehr mir alles andere entschwindet.

Lass mich den Atem der Ewigkeit verspüren,
nun, da mir aufhört die Zeit.
Auf dich, Herr, habe ich gehofft;
lass mich nicht zugrunde gehen in Ewigkeit.

110

Gott,
ich kann mich nicht mehr konzentrieren.
Aber ich glaube, dass du da bist, auch für mich.
Ich vertraue mich dir an.

111

Schwer fällt es mir, meine Grenzen anzunehmen;
meine Kräfte schwinden, alt bin ich geworden.

Still ist es geworden um mich;
was ist mein Leben ohne Leistung?
Gebrechen zeigen sich;
ich tue mich schwer anzunehmen,
wie viel Zeit ich brauche für alltägliche Arbeiten.

Verwirf mich nicht, wenn ich alt bin,
verlass mich nicht, wenn meine Kräfte schwinden.

Hilf mir loszulassen,
den letzten Lebensabschnitt in Würde zu gehen,
in Selbstachtung und im Vertrauen,
dass du im Leben und im Sterben mich beim Namen rufst,
dass du vollendest,
was bruchstückhaft in meinem Leben geblieben ist.

Belebe mich neu,
mit Dankbarkeit und Geduld tröste mich,
wenn Traurigkeit aufkommt,
damit dunkle Stunden sich in helle verwandeln werden.

Gebet zur Segnung eines Haustiers

112

Leben spendender Gott,
segne dieses Tier,
denn es kommt aus deiner Schöpferhand
und ist Zeichen, dass du Ja sagst zur Vielfalt und Fülle des Lebens.
Segne dieses Tier,
damit wir das Wunder des Lebens auch in ihm erkennen.
Segne dieses Tier,
damit wir es in Achtung und liebender Sorge schützen und pflegen.
Segne dieses Tier,
damit es einen guten und artgerechten Platz bekommt.

Segne dieses Tier,
denn es spürt Angst, Trauer und Schmerzen
und möchte Zuwendung wie wir.
Segne dieses Tier
und lass auch uns zum Segen werden für die Tiere.

Gebet beim Tod eines Haustiers

113

Ewiger Gott,
alles Leben kommt von dir,
du liebst alle deine Geschöpfe.
Wir nehmen Abschied von *(Tierart/Name)*,
der/die mit uns … Jahre in Gemeinschaft gelebt hat.
Wir danken dir für die Freude, die er/sie uns bereitet hat.
Tröste uns und lass ihn/sie in unserer Erinnerung lebendig bleiben.
Dir, dem Schöpfer, sei Lobpreis und Ehre in Ewigkeit.

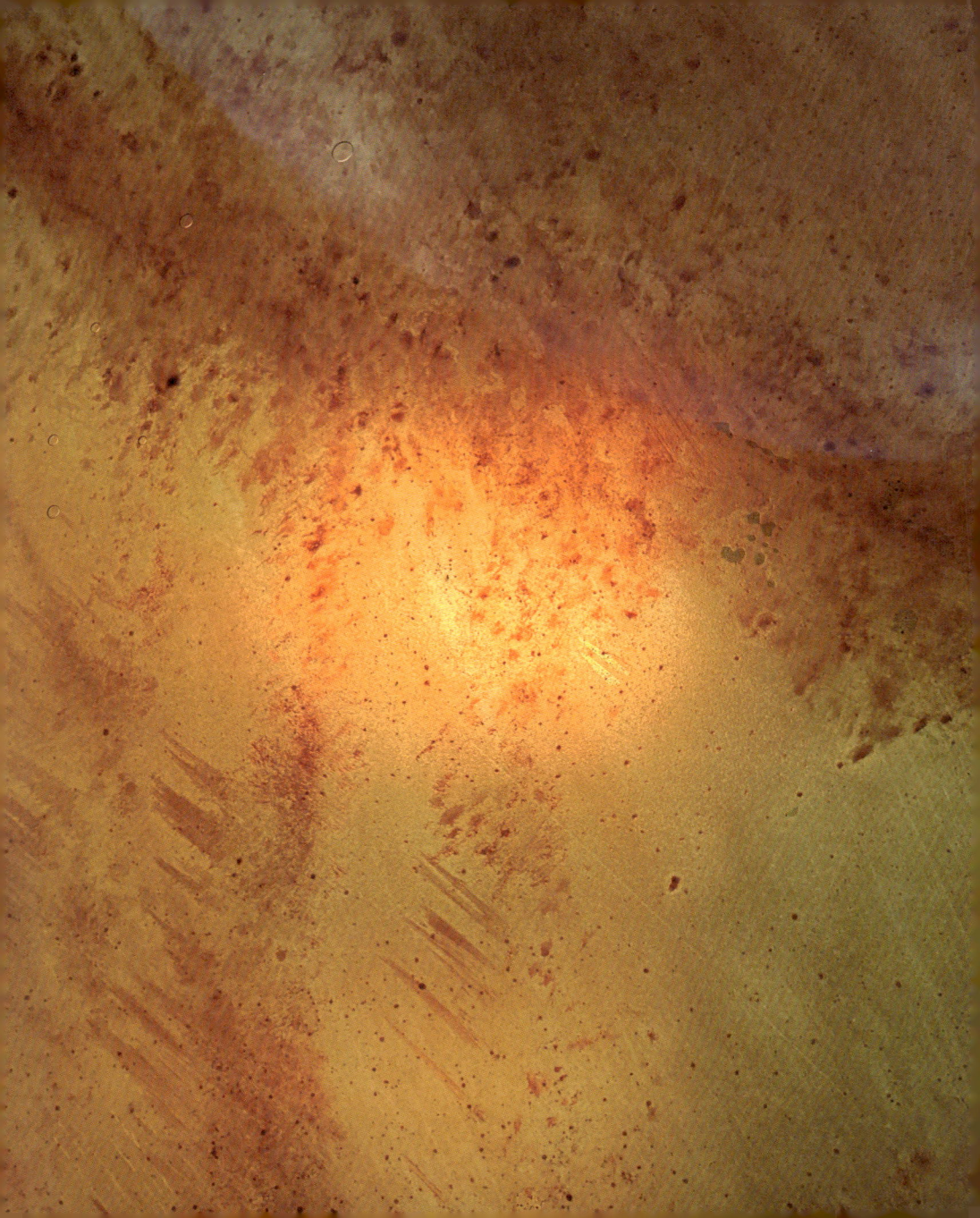

Gebete
durch den Tag

Gelobt seist du,
mein Herr,
besonders mit Bruder Sonne,
der uns den Tag schenkt
und durch den du uns leuchtest.

Gebet nach einem intensiven Traum

114

Herr der Welt,
ich bin dein und meine Träume sind dein.
Ich habe einen Traum geträumt
und weiß nicht, was er bedeutet.
Ist er gut, so lass ihn in Erfüllung gehen,
wie die Träume Josefs.
Ist er schlecht, so wandle ihn,
wie du den Fluch Bileams in Segen verwandelt hast.
Ob ich träume oder wache,
ich bin in deiner Hand.

BETEN MIT DEM GOTTESLOB

11,2   Beim aufgehenden Morgenlicht
11,3   Segne mich, guter Gott
11,4   Du hast das Leben allen gegeben
14,2   In Gottes Namen steh ich auf
14,3   Guten Morgen, lieber Gott
14,4   Heiliger Schutzengel mein
704,1 Vater im Himmel, Lob und Dank sei dir für die Ruhe der Nacht
704,2 Herr, du schenkst mir jeden neuen Tag

Morgengebete

115

Herr, öffne meine Lippen,
damit mein Mund dein Lob verkünde
und gute Worte finde.
Herr, öffne meine Augen,
damit ich deine Herrlichkeit bestaune
und die Not der Menschen sehe.
Herr, öffne meine Ohren,
damit ich dein Wort vernehme
und den Schrei der Armen höre.
Herr, öffne meine Nase,
damit ich deinen Wohlgeruch wahrnehme
und den Duft aller Dinge empfange.
Herr, öffne mein ganzes Gesicht,
damit ich dir zugewandt lebe
und allen offen begegne.
Herr, öffne mein Herz,
damit ich Raum habe für dich
und gute Gefühle für alle Menschen.
Herr, öffne meine Hände,
damit ich die Fülle des Lebens fasse
und reich bin im Geben.

116

O Gott, ich danke dir für deinen Schutz in dieser Nacht,
für den guten Schlaf, den du mir gewährt hast.
Segne auch den heutigen Tag!
Segne all meine Gedanken, Worte und Taten.
Segne auch all meine Freunde und Bekannten
sowie die Menschen, die mir heute begegnen.
Lass sie deine Liebe und Güte spüren
und sei ihnen ein guter Begleiter.
Halte über uns alle deine schützende Hand
und schenke uns die Gnade,
dass wir am heutigen Tage auch einmal herzlich lachen können,
weil dies das Herz erwärmt und uns fröhlich stimmt.
Lass uns immer daran denken,
dass wir von dir gesandt sind, Freude in diese Welt zu bringen
und dich durch unsere Taten zu verherrlichen.
So bitten wir dich: Sei mit deinem Geist und deinem Segen
jede Stunde dieses Tages bei uns.

117

Guter Gott,
du bist meine Hoffnung und meine Zuflucht.
Du kennst die Dinge in meinem Herzen,
die ich kaum zu hoffen wage.

Ich vertraue sie dir an,
weil ich weiß, dass du mehr tun kannst,
als ich mir jemals vorstellen könnte.

Die Morgendämmerung dieses neuen Tages
erinnert mich an deine bedingungslose Liebe zu mir.
Du bist mein Gott. Ich bin dein geliebtes Kind.
Öffne meine inneren Augen,
um dich in jedem Geschöpf zu sehen.

Gib mir Hoffnung und Liebe,
damit ich meinem Nächsten nach deinem Willen dienen kann.

Nur das will ich sein:
ein Geschenk der Liebe für die Welt um mich herum.

118

Gut ist es, dem HERRN zu danken,
deinem Namen, du Höchster, zu singen und zu spielen,
am Morgen deine Huld zu verkünden
und in den Nächten deine Treue,
zur zehnsaitigen Laute und zur Harfe, zum Spiel auf der Leier.
Denn du, HERR, hast mich durch dein Wirken froh gemacht,
über die Werke deiner Hände will ich jubeln.
Wie groß sind deine Werke, HERR, wie tief deine Gedanken!

Aus Psalm 92

Segensgebet für den Schulweg

119

Segne den Weg meines Kindes,
damit es gut an seinem Ziel ankommt.
Schütze seine Schritte
und lenke sein Gehen auf sicheren Wegen.

Gebete zu Beginn der Arbeit

120

Guter Gott,
die Welt der Arbeit erfüllt viele Menschen mit Kummer und Sorge.
Angst und Unsicherheit machen sich breit.
Manche zerbrechen fast unter ihrer Arbeitslast,
während andere keine Arbeit haben.
Mache uns fähig, auch in der Arbeitswelt verantwortlich zu handeln,
und stärke alle, die sich für Recht und Würde
der arbeitenden Menschen einsetzen.
Darum bitten wir dich mit Jesus Christus,
der selber Sohn eines arbeitenden Menschen geworden ist.

121

Unsere Tage zu zählen, lehre uns!
Dann gewinnen wir ein weises Herz.
Sättige uns am Morgen mit deiner Huld!
Dann wollen wir jubeln und uns freuen all unsre Tage.
Güte und Schönheit des Herrn, unseres Gottes, sei über uns!
Lass gedeihen das Werk unserer Hände,
ja, das Werk unserer Hände lass gedeihn!

Aus Psalm 90

122

Für meine Arbeit, Herr,
da wünsch' ich mir,
sie steht als reiner Dienst vor dir
in Ehrlichkeit,
in Fruchtbarkeit,
als kleines Stück Wahrhaftigkeit.
Und jedes Wirken steht für sich.
Ja, es verherrlicht dich
aus Freude und aus tiefster Dankbar‹eit
in Liebe, Demut und Ergebenheit.

Mittagsgebet

123

Habe deine Lust am HERRN.
So wird er dir geben, was dein Herz begehrt.
Befiehl dem HERRN deinen Weg,
vertrau ihm – er wird es fügen.
Er lässt deine Gerechtigkeit aufgehen wie das Licht,
dein Recht wie die Helle des Mittags.

Aus Psalm 37

Tischsegen

124

Gepriesen bist du, Herr, unser Gott, Schöpfer der Welt,
du schenkst uns dieses Essen,
Früchte der Erde und der menschlichen Arbeit.
Lass uns die zeitlichen Güter so gebrauchen,
dass wir einst bei dir zu Tische sitzen dürfen,
so wie Jesus, dein Sohn, es uns verheißen hat.

BETEN MIT DEM GOTTESLOB

12,2   Komm, Herr Jesus, sei unser Gast
12,3   Alle guten Gaben, alles was wir haben
12,4   O Gott, von dem wir alles haben
12,5   Wir wollen dir danken für unser Brot

125

Gepriesen bist du, Gott, Schöpfer des Himmels und der Erde,
für das Wasser, das uns reinigt und erfrischt.
Gepriesen bist du, Gott, für das Brot, das uns nährt und stärkt.
Gepriesen bist du, Gott, für den Wein,
der unser Herz erfreut und uns füreinander öffnet.
Gepriesen bist du, Gott, für deine Güte und Barmherzigkeit,
in Zeit und Ewigkeit.

126

Aller Augen warten auf dich, Herr,
und du gibst ihnen ihre Speise zur rechten Zeit.
Du tust deine Hand auf
und sättigst alles, was lebt, mit Wohlgefallen.
So segne unsere Speisen und unser Mahl.

Nach Psalm 145

127

Wir preisen dich, Vater im Himmel, denn du bist gut.
Die Gaben, die wir empfangen,
weisen auf dich, den Geber alles Guten.
Segne unsere Tischgemeinschaft
und führe einst alle Menschen in Einheit und Frieden zusammen,
im Geiste Jesu Christi, deines Sohnes.

Tischgebete mit Kindern

128

Keiner kann sich selbst ernähren,
niemand lebt für sich allein,
alle Menschen sind Geschwister,
alle sollen glücklich sein.
Danke, Herr, du gibst uns Menschen,
was zum Leben nötig ist.
Lass mich auch die anderen sehen,
so wie du, Herr Jesus Christ.

Schön, dass wir zusammen essen,
gut schmeckt, was es heute gibt.
Danke allen für das Essen,
wunderbar, wie Gott uns liebt.

129

Gott, durch deine große Güte
und durch die Arbeit vieler Menschen
haben wir jeden Tag zu essen.
Dafür danken wir dir von Herzen.
Gleichzeitig bitten wir dich:
Gib, dass alle Menschen auf der Welt ihr tägliches Brot haben,
und keiner zu hungern braucht!

130

Von deiner Gnad, Herr, leben wir
und was wir haben, kommt von dir.
Drum sagen wir dir Dank und Preis,
tritt segnend ein in unsern Kreis.

131

Herr, lass uns nicht vergessen,
dass alles, was wir essen,
von dir gegeben ist,
und dass von allen Gaben,
die wir empfangen haben,
du selbst die größte bist.

132

Wir haben hier den Tisch gedeckt,
doch nicht mit unsren Gaben.
Vom Schöpfer, der das Leben weckt,
kommt alles, was wir haben.

BETEN MIT DEM GOTTESLOB
12,6   Herr, segne uns und diese Gaben
12,7   Dir sei, o Gott, für Speis und Trank
12,8   Wir danken dir, Herr, Gott
12,9   Herr und Vater, wir danken dir

Abendgebete

133

Wir preisen dich, Gott.
Du bist voll strahlendem Glanz.
Wir überschreiten die Schwelle des Abends
und suchen dein immerwährendes Licht.
Du geleitest uns zum Licht, das keinen Abend kennt.
Wir können nicht aufhören, deine Güte zu preisen,
die stärker ist als alles Dunkel, und dein Erbarmen zu loben,
das uns Leben in Fülle schenkt,
von Tag zu Tag und in Ewigkeit.

134

Sei gegrüßt, Herr Jesus Christus,
der Tag ohne Abend bist du,
sei gegrüßt, alles durchdringendes Licht.
Sei gegrüßt, der den Irrenden Heimat gibt.
Sei gegrüßt, du leuchtender Stern in der Nacht.

Sei gegrüßt, Herr Jesus Christus,
die Mitte des Weltalls bist du,
sei gegrüßt, du verleihst allem Geschaffenen Sinn.
Sei gegrüßt, du verbindest die Menschheit mit dir.
Sei gegrüßt, aus dir strömt die Quelle des Lebens.

Sei gegrüßt, Herr Jesus Christus,
du bist unser aller Freund.
Sei gegrüßt, du gehst dem Verlorenen nach.
Sei gegrüßt, du hörst unseren bittenden Ruf.
Sei gegrüßt, du trittst bei Gott für uns ein.

Sei gegrüßt, Herr Jesus Christus,
der einer der Unsrigen ward.
Sei gegrüßt, der du unser Schicksal geteilt.
Sei gegrüßt, der darnieder geworfen war.
Sei gegrüßt, der sich für die andern verzehrte.

Sei gegrüßt, Herr Jesus Christus,
du gibst unseren Herzen Klarheit und Licht.
Sei gegrüßt, du führst uns heraus aus der Nacht.
Sei gegrüßt, du bist die Kraft auf dem Weg.
Sei gegrüßt, du gehst selber an unserer Seite.

BETEN MIT DEM GOTTESLOB

11,5   Bleibe bei uns, Herr
11,6   Wach du, Herr
14,5   Guter Gott! Danke für diesen Tag
14,6   Müde bin ich, geh zur Ruh'
704,3   Herr, mein Gott ich danke dir
704,4   Bevor ich mich zur Ruh begeb

135

Wir danken dir, Herr, unser Gott,
durch Jesus Christus, das Licht der Welt.
Durch ihn hast du uns erleuchtet
und das unvergängliche Licht gezeigt.
Wir haben den Tag vollendet
und den Anfang der Nacht erreicht.
Wir haben uns gefreut am Licht, das du geschaffen hast.
Am Abend ist Christus uns Licht in der Dunkelheit.
Durch ihn gebührt dir Herrlichkeit, Ehre und Macht
in der Einheit des Heiligen Geistes, jetzt und in Ewigkeit.

Gebet mit Kindern zum Schlafengehen

136

Guten Abend, lieber Gott,
es ist Zeit, ins Bett zu gehn,
denn morgen ist ein neuer Tag
und ich will froh aufstehn.

Ich danke dir für alles Schöne,
das mir begegnet ist,
und wünsche mir für diese Nacht,
dass du jetzt bei mir bist.

Beschütze alle, die ich mag,
und schenk uns morgen
einen schönen neuen Tag.

Gebet zum Schlafengehen nach einem anstrengenden Tag

137

Herr, ich habe mich heute geärgert –
lass es mich loslassen.
Man hat mich beleidigt – lass es mich loslassen.
Mir ist Unrecht geschehen – lass es mich loslassen.
Es ist Bitterkeit in mir – lass mich sie ablegen.
Neid nagt in mir – lass mich ihn ablegen.
Groll ist in mir – lass mich ihn ablegen.
Ich packe das alles jetzt in einen Sack
und stelle ihn neben das Bett.
Herr, hilf mir, alles loszulassen.
Wenn etwas morgen davon noch wichtig ist,
kann ich es dann ja wieder aufnehmen.
Aber für heute lege ich es ab,
so, wie ich auch meine Kleider abgelegt habe.

Nachtgebete

138

Bleibe bei uns, Herr, denn es will Abend werden,
und der Tag hat sich geneigt.
Bleibe bei uns und bei allen Menschen.
Bleibe bei uns am Abend des Tages, am Abend des Lebens,
am Abend der Welt.
Bleibe bei uns mit deiner Gnade und Güte,
mit deinem Wort und Sakrament,
mit deinem Trost und Segen.
Bleibe bei uns, wenn über uns kommt
die Nacht der Trübsal und Angst,
die Nacht des Zweifels und der Anfechtung,
die Nacht des bitteren Todes.
Bleibe bei uns und allen deinen Kindern
in Zeit und Ewigkeit.

139

Bevor des Tages Licht vergeht,
o Herr der Welt, hör dies Gebet:
Behüte uns in dieser Nacht
durch deine große Güt und Macht.
Hüllt Schlaf die müden Glieder ein,
lass uns in dir geborgen sein

und mach am Morgen uns bereit
zum Lobe deiner Herrlichkeit.
Dank dir, o Vater, reich an Macht,
der über uns voll Güte wacht,
und mit dem Sohn und Heiligen Geist
des Lebens Fülle uns verheißt.

140

Ich erhebe meine Augen zu den Bergen: Woher kommt mir Hilfe?
Meine Hilfe kommt vom HERRN,
der Himmel und Erde erschaffen hat.
Er lässt deinen Fuß nicht wanken; dein Hüter schlummert nicht ein.
Siehe, er schlummert nicht ein und schläft nicht, der Hüter Israels.
Der HERR ist dein Hüter,
der HERR gibt dir Schatten zu deiner Rechten.
Bei Tag wird dir die Sonne nicht schaden
noch der Mond in der Nacht.
Der HERR behütet dich vor allem Bösen, er behütet dein Leben.
Der HERR behütet dein Gehen und dein Kommen
von nun an bis in Ewigkeit.

Psalm 121

141

Wenn ich rufe, gib mir Antwort, Gott meiner Gerechtigkeit!
Du hast mir weiten Raum geschaffen in meiner Bedrängnis.
Sei mir gnädig und hör auf mein Flehen!
Du legst mir größere Freude ins Herz,
als andere haben bei Korn und Wein in Fülle.
In Frieden leg ich mich nieder und schlafe;
denn du allein, HERR, lässt mich sorglos wohnen.

Aus Psalm 4

142

Herr, mein Gott, ich danke dir,
dass du diesen Tag zu Ende gebracht hast.
Ich danke dir,
dass du Leib und Seele zur Ruhe kommen ließest.
Deine Hand war über mir und hat mich behütet und bewahrt.
Vergib allen Kleinglauben und alles Unrecht dieses Tages
und hilf, dass ich allen vergebe, die mir unrecht getan haben.
Lass mich in Frieden unter deinem Schutz schlafen
und bewahre mich vor den Anfechtungen der Finsternis.
Ich befehle dir meinen Leib und meine Seele.
Gott, dein heiliger Name sei gelobt.

143

Gott segne die Worte,
die ich gesprochen habe.
Gott segne die E-Mails und Kurznachrichten,
die ich geschickt habe.
Gott segne die Anrufe,
die ich getätigt habe.
Gott segne die Blicke und Gesten,
mit denen ich Kontakt zu anderen aufgenommen habe.
Gott segne die Gedanken und Überlegungen,
die mir heute durch den Kopf gegangen sind.
Gott segne den Schritt,
mit dem ich weitergekommen bin.
Gott segne meinen Tag und meinen Abend und meine Nacht.

Gebete am Sonntag

144

Gott des Lebens,
durch die Auferstehung deines Sohnes wissen wir:
Der Tod ist überwunden,
der Weg zu dir steht offen,
unser Leben ist unvergänglich.
Hilf uns, in dieser Gewissheit unser Leben zu gestalten,
an diesem Sonntag und alle Tage unseres Lebens.

145

Ewiger Gott,
du hast uns zur Mitarbeit an deiner Schöpfung berufen.
Den Sonntag hast du uns geschenkt,
damit wir zu innerer Ruhe finden.
Weite an diesem Tag unser Blickfeld,
damit wir unsere Mitmenschen wieder umfassender wahrnehmen
und dazu bewegt werden, uns die Sorge für die Natur
und für die Armen zu eigen zu machen.

146

Gepriesen bist du, lebendiger Gott.
Denn am ersten Tag der Woche hast du Tag und Nacht geschaffen.
Du bist die Quelle und der Ursprung allen Lebens.
Du schenkst uns heute eine neue Woche.
Du lässt uns aufatmen
im Vertrauen auf deine Liebe zu uns und zu allen Geschöpfen.

Gepriesen bist du, lebendiger Gott.
Denn am dritten Tag hast du Jesus auferweckt
zum neuen, ewigen Leben.
Du bist in Christus unsere Hoffnung und unser Friede.
Du erneuerst heute die Gemeinschaft mit ihm unter uns Christen.
Du öffnest unser Herz für die Not der Menschen.

Gepriesen bist du, lebendiger Gott.
Denn am achten Tag beginnt die neue Schöpfung.
Du schenkst die Fülle, die Kraft deines Segens.
Du wirst stärker sein als die Macht des Todes.
Du bist uns Hoffnung und Zuversicht für lange Zeiten.

Ja, der Sonntag ist ein Geschenk für uns Menschen.
Darum gebührt dir Lob und Preis, Anbetung und Dank
durch deinen Sohn im Heiligen Geist
von Ewigkeit zu Ewigkeit.

147

Herr, mein Gott, ich freue mich,
dass es wieder Sonntag geworden ist,
dass ich die Arbeit eine Weile beiseitelegen kann,
dass ich ein bisschen mehr Zeit habe
für mich, für die andern, für dich.
Ich freue mich, aber ich weiß auch,
dass es mir unendlich schwerfällt,
die Gelegenheit wahrzunehmen,
wirklich innezuhalten.
Zu dicht steht die Arbeit noch vor mir,
auch wenn sie ruht.
Zu nahe bleiben mir die täglichen Sorgen,
bleibt mir meine Unzufriedenheit,
bleibt meine Unruhe.
Zu sehr fürchte ich die Stille,
weil sie meine innere Leere aufdecken könnte.
Herr, ich möchte wirklich Sonntag feiern,
ich möchte mich freuen an deiner Güte,
ich möchte die Stille erleben,
in der du mir nahe bist.
Herr, komm du
und lass es auch in mir selber Sonntag werden.

Gebet am Sonntagabend

148

Herr Jesus Christus, wir danken dir für den heutigen Sonntag.
Der Anfang ist gelegt für die Woche, die nun kommt.
Sie soll kommen als Zeit der Arbeit und Mühe,
aber auch als Zeit unseres einfachen Dienstes
für den Nächsten und für dich.
Wir danken für alles Gute an diesem Tag
und bitten um Vergebung,
wenn wir etwas nicht gut gemacht haben.
Wir bitten dich:
Bleibe bei uns an diesem Abend
und in dieser Woche.
Gehe mit uns und unseren Freunden
und verlass uns nicht.

Gebete an Wochentagen

149

Herr, in meinem Leben gibt es viel Alltagsgrau.
Ich bitte dich um Lebensfarben in mir,
damit mein Leben mit dir
und den Menschen besser gelingen kann.
Herr, gib mir vom Rot der Liebe,
um davon wieder austeilen zu können.
Herr, gib mir vom Orange der Wärme
gegen alles Unterkühlte in meinem Herzen.
Herr, gib mir viel vom Gelb des Lichtes
für die Dunkelheiten in meiner Seele.
Herr, gib mir vom Grün der Hoffnung
gegen Resignation und Ausweglosigkeit.
Herr, gib mir vom Blau des Glaubens,
um meine Lebensentscheidungen zu leben.
Herr, gib mir vom Violett der Buße
für Wege zu Umkehr und Neuanfang.
Herr, gib mir vom Schwarz des Todes,
damit ich mich einstimme auf Abschiede.
Herr, gib mir vom Weiß des Neuen,
um für dich offen und bereit zu sein.
Herr, gib mir vom Braun der Erde
für Beständigkeit und Ausdauer.

Herr, gib mir vom kostbaren Gold,
dass ich dich als das Kostbarste ehre.
Herr, gib mir ein wenig von allen Farben,
denn buntes Leben lebt sich leichter.
Herr, zeige mir ab und zu einen Regenbogen,
damit ich weiß:
Ich stehe inmitten der Welt, die deine Mitte ist.
In dieser Mitte lass mich leben,
heute und jeden Tag meines Lebens.

BETEN MIT DEM GOTTESLOB
704,5 Es sind Finsternisse (Freitagsgebet)

**Gebete
in Natur, Freizeit und Urlaub**

Gelobt seist du,
mein Herr,
für unsere Schwester Mutter Erde,
die uns erhält und lenkt
und vielfältige Früchte hervorbringt.

Sonnengesang

150

Höchster, allmächtiger, guter Herr,
dein ist das Lob, die Herrlichkeit und Ehre und jeglicher Segen.
Dir allein, Höchster, gebühren sie,
und kein Mensch ist würdig, dich zu nennen.

Gelobt seist du, mein Herr,
mit allen deinen Geschöpfen,
besonders dem Herrn Bruder Sonne,
der uns den Tag schenkt und durch den du uns leuchtest.
Und schön ist er und strahlend in großem Glanz:
von dir, Höchster, ein Sinnbild.

Gelobt seist du, mein Herr,
für Schwester Mond und die Sterne.
Am Himmel hast du sie geformt,
klar und kostbar und schön.

Gelobt seist du, mein Herr,
für Bruder Wind,
für Luft und Wolken und heiteres und jegliches Wetter,
durch das du deine Geschöpfe am Leben erhältst.

Gelobt seist du, mein Herr,
für Schwester Wasser.
Sehr nützlich ist sie
und demütig und kostbar und keusch.

Gelobt seist du, mein Herr,
für Bruder Feuer,
durch den du die Nacht erhellst.
Und schön ist er und fröhlich und kraftvoll und stark.

Gelobt seist du, mein Herr,
für unsere Schwester Mutter Erde,
die uns erhält und lenkt und vielfältige Früchte hervorbringt,
mit bunten Blumen und Kräutern.

Lobet und preiset meinen Herrn
und dankt und dient ihm mit großer Demut.

Hinweis zur hier verwendeten Übersetzung des „Sonnengesangs":
Die Ausdrücke „Bruder Sonne", „Schwester Mond" und „Schwester Tod" sind nach
deutschem Sprachempfinden befremdlich. Im Italienischen, der Originalsprache des
„Sonnengesangs", aber ist „Sonne" männlich, „Mond" und „Tod" dagegen weiblich.
Da der Übersetzer Pater Leonhard Lehmann der franziskanischen Ordensfamilie angehört,
wollte er möglichst authentisch übersetzen und zeigt so Verbundenheit und Nähe zum
Verfasser, dem heiligen Franz von Assisi.

Gebet für die Erde

151

Allmächtiger Gott, der du in der Weite des Alls gegenwärtig bist
und im kleinsten deiner Geschöpfe,
der du alles, was existiert, mit deiner Zärtlichkeit umschließt,
gieße uns die Kraft deiner Liebe ein,
damit wir das Leben und die Schönheit hüten.

Überflute uns mit Frieden,
damit wir als Brüder und Schwestern leben
und niemandem schaden.
Gott der Armen, hilf uns,
die Verlassenen und Vergessenen dieser Erde,
die so wertvoll sind in deinen Augen, zu retten.

Heile unser Leben, damit wir Beschützer der Welt sind
und nicht Räuber,
damit wir Schönheit säen und nicht Verseuchung und Zerstörung.
Rühre die Herzen derer an,
die nur Gewinn suchen auf Kosten der Armen und der Erde.

Lehre uns, den Wert aller Dinge zu entdecken
und voll Bewunderung zu betrachten;
zu erkennen, dass wir zutiefst verbunden sind
mit allen Geschöpfen auf unserem Weg

zu deinem unendlichen Licht.
Danke, dass du alle Tage bei uns bist.
Ermutige uns bitte in unserem Kampf für Gerechtigkeit,
Liebe und Frieden.

Kinder loben Gott für die Natur

152

Lieber Gott, du hast alles gemacht:
die Sonne, den Mond, den Tag und die Nacht,
den Himmel, die Erde, das Wasser, den Schnee,
die Tiere am Land, die Fische im See,
ein Kleid für die Erde:
grün, gelb, blau und rot, die Blumen, die Wälder.
Wir freuen uns, Gott, und danken dir!

BETEN MIT DEM GOTTESLOB

19,1   Immerfort empfange ich mich
19,3   Öffne meine Augen, Gott
707,8   Gott, du Schöpfer aller Dinge

Reisesegen

153

Gott, du hast die Menschen schon immer
auf ihren Reisen begleitet:
Abraham und Sara führtest du durch die Wüste.
Die Kinder Israels hast du trockenen Fußes
mitten durchs Meer ziehen lassen.
Deine Feuersäule war Wegweiser auf ihrer Reise.
Mit deinem Stern hast du die Weisen zur Krippe geleitet.
Schenke auch uns eine gute Reise.
Halte deine schützende Hand über uns
auf unserer Fahrt auf den Straßen.
Sei bei uns auf unseren Wegen und leite uns zum Ziel.
Um dieses bitten wir durch Jesus Christus, unseren Bruder und Herrn.

154

Auf unserem Weg
begleite uns Gottes Segen!
Dass unser Fuß nicht an einen Stein stößt,
dass unser Auto nicht zu Schaden komme,
dass wir im Zug zur Ruhe kommen,
dass kein Mensch uns Gewalt antue,
dass uns am Ziel ein schönes Zuhause empfange.
Gott, segne unsere Reise!

155

Der Herr sei vor dir,
um dir den rechten Weg zu zeigen.

Der Herr sei neben dir,
um dich in die Arme zu nehmen,
um dich vor Gefahren zu schützen.

Der Herr sei hinter dir,
um dich vor der Heimtücke des Bösen zu bewahren.

Der Herr sei in dir,
um dich zu trösten, wenn du traurig bist.

Der Herr sei unter dir,
um dich aufzufangen, wenn du fällst.

Der Herr sei über dir,
um dich zu segnen.

So segne dich der gütige Gott, heute und morgen und immer.

BETEN MIT DEM GOTTESLOB:

13,4   Segne, o Gott, die vor uns liegende Reise
13,5   Du Gott des Aufbruchs

Gebete im Urlaub

156

Gott, segne meinen Urlaub!
Segne diese Tage des Freiseins von allen Pflichten,
dass Körper und Geist sich erholen von vergangenen Mühen,
dass die Seele neue Spannkraft gewinnt.
Segne diese Tage,
dass Enttäuschungen heilen können,
weil nicht alles so lief, wie ich es erhoffte,
weil Grenzen spürbar wurden, eigene und die der anderen.
Segne diese Tage,
damit Leichtigkeit in mein Leben tritt und dein Lächeln,
und lass mich erkennen: Last und Mühe sind nur Windhauch,
Windhauch aber auch Erfolg und Ansehen.
Segne diese Tage,
dass Friede sich neu verankere in mir,
der Friede mit dir und der Welt,
der Friede mit mir und meinem Geschick.
Segne diese Tage,
lass mich zur Ruhe kommen,
dass ich mich neu finde und orte
und erkenne, was dein Wille ist.

157

Das braucht seine Zeit,
bis die Tage den anderen Rhythmus lernen
und langsam im Takt der Muse schwingen.
Das braucht seine Zeit,
bis die Alltagssorgen zur Ruhe finden,
die Seele sich weitet und frei wird
vom Staub des Jahres.
Hilf mir in diese andere Zeit, Gott,
lehre mich die Freude und den frischen Blick auf das Schöne.
Den Wind will ich spüren, und die Luft will ich schmecken.
Dein Lachen will ich hören, deinen Klang –
und in alledem deine Stille.

Gebete bei einer Wanderung

158

Gott,
ich staune und staune
über die Schönheit in allem
und staune über dich,
der du alles gemacht hast.

159

Wie zahlreich sind deine Werke, HERR,
sie alle hast du mit Weisheit gemacht,
die Erde ist voll von deinen Geschöpfen.
Auf dich warten sie alle.

Du sendest deinen Geist aus: Sie werden erschaffen
und du erneuerst das Angesicht der Erde.
Die Herrlichkeit des HERRN währe ewig,
der HERR freue sich seiner Werke.

Ich will dem HERRN singen in meinem Leben,
meinem Gott singen und spielen, solange ich da bin.
Möge ihm mein Dichten gefallen.
Ich will mich freuen am HERRN.

Aus Psalm 104

160

Herr, mein Gott, wie groß bist du!
Du hast den Seen und den Bergen
ihren Ort gewiesen,
hast Quellen aus der Erde gerufen
und den Bächen und Flüssen
einen Weg gebahnt.
Tiere trinken daraus,
und Bäume wachsen an ihren Ufern.

Die Vögel bauen darin ihre Nester
und singen dein Lob.
Du lässt Pflanzen für Menschen
und Tiere wachsen.
Allen gibst du Speise.
Deshalb will ich dich loben
mein Leben lang.

161

Gepriesen bist du, starker und treuer Gott.
Aus all deinen Werken, den Höhen und Tiefen,
tönt schweigender Lobpreis zu deiner Ehre.
Am Anfang rief dein Wort das Licht hervor,
Nacht wich, und Schöpfung dämmerte auf.
Ungesehen gingen Zeiten dahin,
als auf der Oberfläche der Erde
die Wasser sich sammelten
und Leben erschien.
Uns Menschen gabst du Atem und Sprache,
damit alle Lebenden eine Stimme haben,
dein Lob zu singen.

Herr,
wir danken dir für alles Schöne,
das uns immer wieder in deiner Schöpfung begegnet.
Wie verschwenderisch bist du, Gott,
wenn du uns Freude schenken willst!

Lass uns sorgsam mit deiner Schöpfung umgehen
und so in deiner herrlichen Schöpfung
dich, den Schöpfer, neu erkennen,
der bei uns ist und über uns und in uns
durch Christus, unseren Herrn.

Gebet an einem Wegkreuz/Marterl/Bildstock

163

Kommt, lasst uns innehalten
und anbeten das Geheimnis unseres Lebens.
Kommt, lasst uns innehalten
und bewundern den Grund unseres Lebens.
Denn wir gehören nicht uns selbst,
sondern dem, der uns geschaffen hat.
Daran erinnert uns dieses Kreuz/Bild auf dem Weg.
Vor ihm preisen wir den Herrn, unseren Gott.

Gebet im Garten

164

Himmlischer Vater,
du unser Gott,
für unser Leben hast du einen Garten vorgesehen,
in dem wir Gutes für Leib und Seele empfangen dürfen.
Dein Wort blüht auf und lässt unseren Glauben wachsen.
So bitten wir dich:
Gib uns deinen Geist,
dass wir Dürrezeiten überstehen.
Lass unseren Glauben neu Frucht bringen.

Gebet im Wald

165

Gut ist es, dem HERRN zu danken,
deinem Namen, du Höchster, zu singen und zu spielen.
Denn du, HERR, hast mich durch dein Wirken froh gemacht,
über die Werke deiner Hände will ich jubeln.
Wie groß sind deine Werke, HERR, wie tief deine Gedanken!
Der Gerechte sprießt wie die Palme,
er wächst wie die Zeder des Libanon.

Aus Psalm 92

Gebete in den Bergen

166

Ewiger Gott, wenn wir voller Bewunderung
das Universum in seiner Größe und Schönheit betrachten,
bewege uns dazu,
dich, den dreifaltigen Gott, als Schöpfer zu preisen
und den Abglanz deines Wesens in allen Dingen zu entdecken.

167

Ich erhebe meine Augen zu den Bergen:
Woher kommt mir Hilfe?
Meine Hilfe kommt vom HERRN,
der Himmel und Erde erschaffen hat.
Der HERR behütet dich vor allem Bösen, er behütet dein Leben.
Der HERR behütet dein Gehen und dein Kommen
von nun an bis in Ewigkeit.

Aus Psalm 121

168

Kommt, lasst uns jubeln dem HERRN,
jauchzen dem Fels unsres Heils!
Lasst uns mit Dank seinem Angesicht nahen,
ihm jauchzen mit Liedern!

In seiner Hand sind die Tiefen der Erde,
sein sind die Gipfel der Berge.
Kommt, wir wollen uns niederwerfen,
uns vor ihm verneigen,
lasst uns niederknien vor dem HERRN,
unserem Schöpfer!

Aus Psalm 95

Gebet an einem Gipfelkreuz

169

Himmlischer Vater, du unser Gott,
deine Güte reicht, so weit der Himmel ist,
und deine Wahrheit, so weit die Wolken gehen.
Deine Gerechtigkeit steht wie die Gottesberge,
und dein Recht findet sich in großer Tiefe.
Für uns siehst du das Land der Lebenden vor,
in das wir nicht selbst gelangen können.
So lass das Kreuz deines Sohnes
uns Brücke deiner Barmherzigkeit sein,
damit wir zu dir finden und du zu uns,
durch Jesus Christus.

Gebete am Meer

170

Gepriesen bist du, Herr, unser Gott,
der du Himmel und Erde erschaffen
und Land und Wasser voneinander geschieden hast.
Wir erfreuen uns am Anblick des Meeres.
Seine Weite ist für uns ein Zeichen der Unendlichkeit,
seine Wogen sind ein Zeichen für Kraft und Stärke.
Und doch ist es nur ein unvollkommenes Abbild
deiner Größe und Herrlichkeit.
Gepriesen bist du in Ewigkeit, Herr, unser Gott.

171

HERR,
du bist vertraut mit all meinen Wegen.
Wenn ich hinaufstiege zum Himmel – dort bist du.
Nähme ich die Flügel des Morgenrotes,
ließe mich nieder am Ende des Meeres,
auch dort würde deine Hand mich leiten
und deine Rechte mich erfassen.
Ich weiß es genau:
Wunderbar sind deine Werke.

Aus Psalm 139

172

Unendlich erscheint uns das Meer,
unbezwingbar die Kraft seiner Wogen.
Doch es ist ein Werk deiner Hände,
Herr, unser Gott, Schöpfer der Welt,
nur ein unvollkommenes Abbild
deiner Herrlichkeit und Macht.
Dir sei die Ehre in Ewigkeit.

Gebete an einem Gewässer

173

Gepriesen bist du, Herr, unser Gott,
wir schauen voll Freude auf das Gewässer, an dem wir stehen.
Das Wasser zeugt von deiner schöpferischen und belebenden Kraft.
Im lebendigen Wasser der Taufe wurden wir neu geboren.
Dir sei Lob und Dank alle Tage unseres Lebens.

174

Gott ist bei dir, wie das Wasser, das dich erfrischt.
Gott ist bei dir, wie das Haus, das dich schützt.
Gott ist bei dir, wie die Sonne, die deinen Tag hell macht.

175

Gott, Schöpfer der Welt,
du hast die ganze Welt erschaffen.
Dafür loben und preisen wir dich.
Du hast den Himmel und die Erde gemacht,
du hast Menschen, Tieren und Pflanzen das Leben geschenkt.
Wir danken dir, dass du uns das Wasser schenkst,
es stillt den Durst aller Lebewesen,
es macht frisch und rein.
Wir danken dir, dass du uns mit Grünem versorgst,
mit Wäldern, Feldern und Gärten.
Sie spenden uns Raum und Schatten,
sie bieten Platz, um Pflanzen anzubauen.
Wir bitten dich:
Erhalte uns das Wasser und all das Grüne.
Lehre uns, die Gaben deiner Schöpfung zu bewahren und zu ehren.

Gebete beim Anblick eines Regenbogens

Meinen Bogen setze ich in die Wolken;
er soll das Zeichen des Bundes sein
zwischen mir und der Erde.

Gen 9,13

176

Sei gepriesen, Herr, unser Gott, Schöpfer der Welt,
für die Schönheit dieses Regenbogens.
Du denkst an den Bund, den du mit Noah geschlossen hast,
und willst diese Erde erhalten.
Lass uns sorgsam mit deiner Erde umgehen.

177

Ewiger Gott,
unter dem Zeichen des Regenbogens
hast du Noah versprochen,
dass du unsere Erde erhalten willst.
Stärke alle, die sich für einen nachhaltigen Umgang
mit unserer Erde einsetzen,
damit auch kommende Generationen
eine lebenswerte Welt vorfinden.
Dir sei die Ehre in Ewigkeit.

Gebete
in besonderen Anliegen
und Situationen

Gelobt seist du,

mein Herr,

für jegliches Wetter,

durch das du deine Geschöpfe

am Leben erhältst.

Friedensgebete

178

Herr, unsere Erde ist nur ein kleines Gestirn im großen Weltall.
An uns liegt es, daraus einen Planeten zu machen,
dessen Geschöpfe nicht von Kriegen gepeinigt werden,
nicht von Hunger und Furcht gequält,
nicht zerrissen in sinnlose Trennung
nach Rasse, Hautfarbe oder Weltanschauung.
Gib uns Mut und Voraussicht,
schon heute mit diesem Werk zu beginnen,
damit unsere Kinder und Kindeskinder
einst stolz den Namen Mensch tragen.

179

Jesus, du mein Bruder!

Unruhig ist mein Herz, aufgewühlt meine Seele.
Angst, Wut und Trauer legen sich über mich.
Und ich frage mich: Wo bist du?

Wohin ich schaue, Bilder des Schreckens:
Menschen auf der Flucht, zerstörte Heimat, verlorenes Leben.
Und ich frage mich: Wo bist du?

Hier und jetzt:
Hände, die zupacken, Arme, die sich öffnen,
fremde Menschen, die in Solidarität und Nächstenliebe handeln.
Und ich spüre: Du bist da.

Christus, unser Bruder,
du hast Verachtung, Erniedrigung, Folter und Leid durchlitten.
Du hast selbst am Kreuz geschrien:
Vater, warum hast du mich verlassen?
Du kennst unsere Sorgen und Ängste.
Lass uns spüren, dass du da bist.

Schenke uns deinen Geist des Friedens und der Versöhnung.
Zeige uns den Weg zueinander,
damit wir miteinander
diese Welt in Frieden und Gerechtigkeit gestalten.

BETEN MIT DEM GOTTESLOB

19,4   Herr, mach mich zu einem Werkzeug
19,5   Gott, unser Schöpfer
19,6   O Gott, Vater aller Menschen
20,2   Herr, allmächtiger Gott, der du die Welt

Kinder beten für den Frieden

180

Lieber Gott,
du hast die Menschen geschaffen,
jeden mit einem anderen Gesicht
und mit anderen Gedanken;
und du willst, dass wir
in Freundschaft und Frieden leben.
Gib uns deinen Frieden.

Kindergebet nach einem Streit

181

Lieber Gott, heute hatten wir Streit.
Das Schimpfen und Zanken tut uns allen weh.
Trotzdem fangen wir immer wieder damit an.
Du, Gott, bist gut zu uns,
lass auch uns wieder gut zueinander sein.

Gebete nach einem Streit

182

Herr,
du kennst unser Elend:
Wir reden miteinander und verstehen uns nicht.

Wir schließen Verträge und vertragen uns nicht.
Wir treffen Vereinbarungen und halten uns nicht daran.
Zeige uns einen Ausweg.
Sende deinen Geist,
damit der Kreislauf des Streits durchbrochen wird.

183

Ewiger Gott, barmherziger Vater,
wenn wir Schuld auf uns geladen haben,
lass unsere Wege nicht in Verhärtung,
nicht in Selbstzerstörung oder in Feindschaft enden.
Zeige uns die Wege der Versöhnung,
hilf uns, aus unseren Fehlern zu lernen
und unser Leben sinnvoll und liebevoll zu gestalten.

184

So groß wie das Meer ist die Schuld
und wie ein großer Berg.
Doch nicht Richter sind wir
und nicht deine Gerichtsvollzieher,
Gott.
So reiß die Rache aus unserer Mitte
und die Gedanken der Vergeltung.

185

Gütigster Jesus,
bewahre mich davor,
dass ich je einen Menschen
– mag er mich noch so hassen und verfolgen –
verachte, gering schätze, herabsetze
oder mich von ihm abwende.
Lass in mir niemals Hass
oder auch nur bittere Empfindung
gegen ihn aufkommen,
und lass nicht zu,
dass ich an seiner Besserung zweifle,
solange er lebt.

186

Aufgepeitscht und aufgewühlt bin ich,
wie das Meer nach einem Sturm.
So wende ich mich dir zu,
Gott meines Lebens.
Besänftige den Sturm in mir.
Lass über mir die Sonne leuchten,
die alles versöhnt.
Nimm die bitteren Gefühle weg,
die mich nicht loslassen wollen.

Lös die Knoten meiner Seele,
die den Fluss des Lebens hindern.
Gib mir Kraft,
die Feinde von gestern
als Freunde von heute zu sehen.
Schenk mir den inneren Frieden
und lass mich frei und ruhig sein.

Versöhnungsgebet nach einem Streit

187

Gott,
du bist gegenwärtig, wo Menschen auf dein Wort hören
und dich preisen,
du bist gegenwärtig, wo Menschen einander die Hände reichen,
du bist gegenwärtig, wo Streit der Versöhnung weicht,
du bist gegenwärtig, wo Menschen einander Tränen trocknen,
du bist gegenwärtig, wo Menschen in Zuversicht neu anfangen,
du bist gegenwärtig, wo Menschen einander Gehör schenken,
du bist gegenwärtig, wo Menschen die Vielfalt der Meinungen
achten.
Gott, bleibe gegenwärtig in unserer Mitte
und lass uns aus deinem Frieden leben.

Gebet in einer Beziehungskrise

188

Gott,
wir haben Mühe miteinander, *N. N.* und ich.
Du weißt es.
Ich bitte dich:
Berühre unsere Beziehung mit deiner Liebe.
Lass uns schweigen, wo Schweigen richtig ist.
Lass uns reden, wo man reden muss.
Lass uns streiten, wo Streit weiterführt,
und den Streit beenden, wenn es Zeit ist.
Führe uns durch diese Krise hindurch,
damit unsere Liebe aufbricht zu neuen Horizonten.

Gebet für Menschen, die Gewalt erfahren haben

189

Gott segne uns alle, die wir Gewalt erfahren.

Wir trauern:
Ein Mensch hat uns zutiefst verletzt.
Deshalb hat die Schale unseres Lebens einen Sprung.
Wir wollen weg vom Hass, denn Liebe wäre größer.
Gott, bleibe uns treu in unserer Verzweiflung!
Gott segne uns alle, die wir Gewalt begrenzen wollen!

Wir wissen:
Menschen haben unkontrollierte Aggressionen.
Deshalb arbeiten wir darauf hin:
Menschen müssen Grenzen gesetzt bekommen.
Gott, bleibe uns treu in unserem Bemühen!
Gott segne uns alle, die wir Gewalt überwinden wollen!

Wir hoffen:
Gerechtigkeit und Friede werden sich küssen.
Deshalb arbeiten wir darauf hin:
Menschen handeln aus Einsicht und ohne Gewalt.
Gott, bleibe uns treu in unserer Hoffnung!

Gebete für Menschen, die Missbrauch erlebten

190

Heute bete ich ein bisschen
grabe nach Wörtern aus der Tiefe
spreche mich ins Freie.

Heute weine ich ein bisschen
löse die Schmerzen in Tränen auf
hoffe auf deinen Frieden.

Heute erzähle ich dir ein bisschen
kann gar nicht sagen wie weh es tut
größer als alle Worte.

Heute heile ich wieder ein bisschen
heute weiß ich du trägst mich Gott
weiter von Tag zu Tag.

191

Endlich kann ich weinen
gefrorene Tränen tropfen heraus aus mir
strömen und fließen ins Freie
und schwemmen die Schmerzen zu dir Gott
du birgst sie und sammelst die Tränen
versteinerte Seele der Kindheit
als weinen verboten war

Schmerz hinter Mauern begraben
aus düsterem Schweigen
und weine nicht ins Leere
und falle nicht ins Leere
und weiß du hältst mich Gott
und gehst mit mir den Weg der Tränen
Schritt für Schritt
ins Leben

Gebete ganz unten

192

Gott,
bewahre mich vor dem naiven Glauben,
es müsste im Leben alles glattgehen.
Schenke mir die nüchterne Erkenntnis,
dass Schwierigkeiten, Niederlagen, Misserfolge, Rückschläge
eine selbstverständliche Zugabe zum Leben sind,
durch die wir wachsen und reifen.

193

Von ganz unten schreie ich zu dir, Herr!
Herr, kannst du mich hören?
Höre mich!
Hörst du, wie ich schreie?
Es könnte doch kein Mensch bestehen,
wolltest du nur zählen, was einer falsch gemacht hat!
Du bist doch einer, der Mitleid hat und verzeiht,
einer, der will, dass der Mensch immer wieder
auf die Füße kommt, aufsteht und ein Mensch ist.
Ich hoffe auf dich!
Ich hoffe nur noch, mit Leib und Seele,
alles an mir hofft.
Mehr als die Wächter auf den Morgen warte ich auf dich.

Und doch soll Israel hoffen,
denn ER verzeiht und erlöst, vollkommen,
keine Schuld bleibt zurück.
ER wird Israel retten
von all seinen Sünden.

194

Rette mich, Gott, denn das Wasser geht mir bis an die Kehle!
Ich bin versunken im Schlamm des Abgrunds
und habe keinen Halt mehr.
In Wassertiefen bin ich geraten, die Flut reißt mich fort.
Ich bin erschöpft von meinem Rufen, es brennt meine Kehle.
Mir versagen die Augen, während ich warte auf meinen Gott.

Ich aber komme zu dir mit meinem Bittgebet,
HERR, zur Zeit der Gnade.
Gott, in deiner großen Huld erhöre mich,
mit deiner rettenden Treue!
Erhöre mich, HERR, denn gut ist deine Huld,
wende dich mir zu in deinem großen Erbarmen!
Verbirg dein Angesicht nicht vor deinem Knecht,
denn mir ist Angst, eile, erhöre mich!

Aus Psalm 69

195

Sei du, Gott, mein Licht!
Ich habe alle Hoffnung aufgegeben.
Sei du, Gott, meine Hoffnung!
Ich bin leer und ausgebrannt.
Sei du, Gott, meine Kraft!
Ich bin traurig und verzweifelt.
Sei du, Gott, meine Freude!
Ich irre ziellos umher.
Sei du, Gott, mir Weg und Ziel!

196

Gott, ich brauche dich.
Hörst du mir zu?

Es gibt Tage, da könnte ich den ganzen Tag weinen.
So traurig bin ich.
Ich möchte mein Herz ausschütten,
aber ich bin allein.

Es gibt Tage, da weiß ich nicht ein noch aus.
Alles geht schief.
Ich fühle mich wie ein Ertrinkender.
Die Wellen schlagen mir über dem Kopf zusammen.

Gott, ich brauche dich.
Hörst du mir zu?

Es gibt Tage, da meine ich, alle sind gegen mich.
Meine Freunde haben mich wohl vergessen.
Jeder nörgelt an mir herum.
Ich kann es niemandem recht machen.
Es gibt Tage, da könnte ich an allem zweifeln.
Gibt es keine Gerechtigkeit auf der Welt?
Was ist Wahrheit?
Jeder sagt etwas anderes und redet auf mich ein.
Manchmal denke ich: Alle lügen.

Gott, ich brauche dich.
Hörst du mir zu?

197

Wenn die Knie zittern
und die Stimme versagt.
Sei du bei mir.

Wenn mir schwindlig wird
und ich das Gleichgewicht verliere.
Sei du bei mir.

Wenn die Erde bebt
und der Himmel wankt.
Sei du bei mir.

Wenn die Kräfte schwinden
und niemand hilft.
Sei du bei mir.

198

Gott, unser Vater,
du hast uns zur Freude erschaffen,
dennoch begleiten Enttäuschung und Leid,
Angst und Verzweiflung unser Leben.
Hilf uns, dass wir auch in Stunden der Not dir vertrauen.
Mache uns so reifer
und hellhörig für die Not der anderen.

199

Durchbruch.
Endlich gewagt, mich anzuvertrauen,
meine Schattenseiten anzuschauen,
meine Verletzungen behutsam zu berühren,
meine Wut auszudrücken.
Endlich erahnen, wie du
mich durch diese Krise
zu neuer Lebenskraft begleitest.
Bei dir ist die Quelle des Lebens.

Gebete bei Arbeitslosigkeit

200

Gott,
mir ist gekündigt worden.
Ich kann es noch gar nicht glauben –
und doch stürmen schon Ängste
und bedrohliche Gedanken auf mich ein:
Werde ich je wieder eine Arbeit bekommen?
Wie soll ich die Rechnungen und die Kosten des Alltags bezahlen?
Werde ich bald stumpf und mutlos
meine Tage auf dem Sofa verbringen?
Bin ich nun ein Mensch ohne Wert?
Neben die Angst tritt das Gefühl,
ungerecht behandelt worden zu sein.
Diese Kündigung verletzt mich zutiefst und macht mich wütend.
Zu dir komme ich und bringe dir mich und diese Situation.
Einen klaren Gedanken kann ich noch nicht fassen –
aber ich bitte dich, dass du mich jetzt nicht alleine lässt
und dass du irgendwie für mich sorgst.
Einen anderen Halt habe ich gerade nicht.

201

Herr, weißt du, wie das ist:
Wenn man arbeiten will und nicht darf?
Wenn man immer wieder Absagen bekommt?
Wenn man kein Geld verdient?
Herr, weißt du, wie das ist:
Wenn man Drückeberger heißt?
Wenn man Faulpelz heißt?
Herr, weißt du auch:
Wie weh das tut?
Wie viel Nerven das kostet?
Wie verletzend das ist?
Herr, ich möchte DIR keinen Vorwurf machen,
ich möchte es dir nur sagen dürfen,
dass ich mir so mein Leben nicht vorgestellt habe
und dass ich mir so elend überflüssig vorkomme:
nicht gebraucht,
nicht gefordert,
nicht ernst genommen,
nicht geliebt.
So bitte ich dich, Herr:
Hilf mir, dass ich Arbeit finde
und dass ich auch gebraucht werde!

202

Gott,
lass gedeihen das Werk unserer Hände,
ja, das Werk unserer Hände lass gedeihn!
Mit diesem Psalmwort beten Menschen
seit Jahrtausenden um Segen für ihre Arbeit.
Ich kann es nicht sprechen, Herr.
Nicht dass ich an deinem Segen zweifeln würde,
aber ich habe keine Arbeit mehr.
Ich bitte dich nicht um ein Wunder,
mir Arbeit zu beschaffen,
aber ich bitte dich um die Kraft,
nicht an mir und meinen Fähigkeiten zu zweifeln,
nicht an Wert und Würde, die du allen Menschen zugesagt hast.
So lass auch mich in deinem Segen stehen.

Gebet eines/einer Verlassenen

203

Wie oft habe ich gemeint,
diese Verletzung überwunden zu haben.
Einmal mehr an meinem wunden Punkt angelangt,
einmal mehr meinen negativen Kräften ausgeliefert.
Sehnsucht, berührt zu werden,
zugleich Angst vor Nähe und Zuwendung.
Umsonst habe ich auf Mitleid gewartet,
auf einen Tröster, doch ich habe keinen gefunden.
Wollte gar keinen finden,
weil mein Selbstmitleid mich am Leben hält.
Durchbrich du meine Isolation.

Kindergebet, wenn Eltern sich getrennt haben

204

Lieber Gott,
meine Eltern haben sich getrennt.
Das ist sehr traurig für uns Kinder.
Schau mit Liebe auf die Mama und auf den Papa
und auf jedes von uns Kindern
und begleite den Weg eines jeden von uns
mit deinem Segen.

Gebete bei Angst

205

Gott, du verstehst uns,
auch wenn wir
mit einfachen Worten beten.
Es reicht, wenn ich sage:
Gott, ich habe Angst.
Du kannst mir die Angst nehmen.
Gott, du verstehst.
Wir beten auf Augenhöhe.
Du sprichst alle Sprachen ohne Mundschutz
und hörst ohne Filter.
Danke.

206

Auch im Dunkel bist du unser Vater
und hältst unser Leben in deinen Händen.
Vieles verstehen wir nicht.
Vieles können wir nicht.
Vieles wissen wir nicht.
Eines bezeugen wir: Du meinst es gut mit uns.
Du schenkst uns deinen Sohn,
unseren Herrn Jesus Christus,
Weg, Wahrheit, Frieden und Leben.

Gebet in Einsamkeit

207

Einsamkeit klebt an meinem Herzen.
Sie gleicht der Wüste –
kein Baum, kein Strauch, kein Grün, keine Farbe, keine Hoffnung.
Düsterkeit dämmert dahin, Winde flauen ab, Vögel schweigen.
Einsamkeit sucht mich heim.
Ich wandere, ohne irgendwo anzukommen;
müde und matt sind meine Glieder.
Einsamkeit folgt mir wie mein Körperschatten.
Kalte Ketten kleben an meinem Leibe.
Stunden werden zu Tagen, Tage zu Monaten.
Alles Mühen ist umsonst, jedermann meidet mich.
Einsamkeit ist mein Name. Wie lange noch?
Herr, der du die Einsamkeit kanntest,
der du weißt, wie Traurigkeit schmeckt,
schenke mir ein wenig von der Freude der Vögel,
von dem Jubel der Sterne.
Herr, sei mir Freund und Geliebter.

Gebete bei Naturkatastrophen

208

Herr, hilf,
wir sind verzweifelt.
Wir finden keine Worte.
Bei aller Anstrengung: Niemand kann helfen.
(Kurze Beschreibung der konkreten Not)

Du hast dein Volk Israel errettet aus Ägypten.
Du hast dein Volk aus dem Exil heimgeführt.
Du gebietest dem Regen, dem Sturm, der Sonne,
dem Feuer und dem Meer.
Du hast den Bogen an den Himmel gesetzt als Zeichen deiner Treue.
Du vergibst den Schuldigen und heilst die Kranken.
Du bist den Flüchtlingen eine feste Burg
und den Verfolgten eine sichere Stadt.
Du sättigst Hungernde,
suchst Irregeleitete
und hast deine Gemeinde trotz aller Fehler gesegnet.
Du hast in der Auferstehung Jesu Christi
dem Tod die Macht genommen.
Nun hilf uns in unserer Not.
Wir sind verzweifelt.
Herr, erbarme dich.

209

Barmherziger Gott,
vor dich bringen wir all die Menschen,
denen aufgrund des Unwetters großes Leid widerfahren ist.
Steh ihnen bei,
gib ihnen Kraft, wo sie erschöpft sind,
und Mut, wo sie zu verzweifeln drohen.
Und gib uns allen offene Augen und Ohren,
damit wir wahrnehmen, wo und wie wir helfen können.
Wir bitten dich für die Menschen,
die in dieser Katastrophe gestorben sind:
Nimm sie auf in dein Reich,
das kein Leid mehr kennt und in dem alle Tränen abgewischt sind.
Denen, die um sie trauern,
schenke Trost und Menschen, die sie begleiten.
Ewiger Gott, sei bei uns.
Verlass uns nicht.
Auf dich vertrauen wir.

Gebete in einer Pandemie

210

Beten wir für alle Menschen,
die am (Corona-)Virus erkrankt sind,
für alle, die Angst haben vor einer Infektion,
für alle, die sich nicht frei bewegen können,
für die Ärztinnen und Pfleger,
die sich um die Kranken kümmern,
für die Forschenden, die nach Schutz und Heilmitteln suchen,
dass Gott unserer Welt in dieser Krise seinen Segen erhalte.

Allmächtiger Gott, du bist uns Zuflucht und Stärke,
viele Generationen vor uns haben dich als mächtig erfahren,
als Helfer in allen Nöten.
Steh allen bei, die betroffen sind,
und stärke in uns den Glauben,
dass du dich um jede und jeden von uns sorgst.

211

Herr, in dieser Zeit der Prüfung,
die unsere Welt erlebt,
wo menschliche Hilfe an Grenzen stößt,
lege ich alles in deine Hände:
die Angst und die Anstrengungen all derer,

die für ein besseres Leben kämpfen,
das Abwarten, aber auch die Solidarität,
um diese Krise zu überwinden.

Du bist mein Gott,
auf dir allein ruht meine Hoffnung.
Du nimmst mich an der Hand
und tröstest mich.
Ich weiß, eines Tages werden die Menschen
aufeinander zugehen,
einander vertrauen,
einander zuhören können.

Auch heute wende ich mich an dich
voller Vertrauen.
Meine Hoffnung ruht auf dir allein.
In Zeiten des Kummers und der Ungewissheit
bin ich gekommen, um dir mein Herz auszuschütten.

Stärke meinen Glauben und meine Hoffnung
inmitten meiner Zweifel.

**Gebete
in Krankheit und Leid**

Gelobt seist du,
mein Herr,
für jene,
die Krankheit ertragen
und Not.

Gebet für ein krankes Kind

212

Gott, mein Kind hat …
Es ist nicht allein.
Ich bin da, und du bist da.
Nimm meine Hände als dein Werkzeug.
Du kannst mein Kind beruhigen, stärken, heilen.

Kindergebet bei einer Krankheit

213

Lieber Gott,
ich bin krank und liege im Bett.
Gib, dass es nichts Schlimmes ist
und dass ich bald wieder gesund werde.

Ich danke dir,
dass ich so lieb gepflegt werde.
Wie gut, dass es Medizin gibt, die hilft.

Ich bitte dich:
Behüte alle kranken Kinder,
zu Hause und im Krankenhaus.
Hilf ihnen, dass sie gesund werden.

Gebete in Krankheit

214

Gott,
ich höre dich sagen: Komm, hab Vertrauen.
Doch der Weg scheint mir steil und lang,
die Stufen so viele,
ich zweifle an meiner Kraft.
Komm, hab Vertrauen,
sagst du noch einmal.
Und wie ich den ersten Schritt wage,
finde ich in ihm den Mut zum nächsten.
Da weiß ich,
du gehst mit,
stehst auf derselben Stufe,
wartest, wenn ich Rast brauche,
und bringst mich sicher ans Ziel.

215

Herr Jesus Christus,
du bist immer für die Kranken da.
Du hilfst auch mir, meine Krankheit zu tragen.
Schau auf mich und nimm mich an deine Hand.
Schenke mir Geduld und Vertrauen,
stärke mich und richte mich wieder auf.
Du bist ja der Heiland der Kranken.
Dir sei Dank und Ehre, heute und alle Tage
und in Ewigkeit.

216

Guter Gott,
manchmal ahnen wir, dass du an uns denkst,
manchmal spüren wir, dass du uns begleitest.
Dann bist du uns nah.
Dann geht das Leben auf.
Dann glauben wir fest.

Aber manchmal bist du uns fremd,
und deine Liebe ist schwer zu begreifen.
Dann passt nichts zusammen.
Dann zweifeln wir doch.
Wenn wir nicht weiterwissen, Gott,
uns alleine wähnen oder verrannt haben,

dann zeig dich, dann sprich zu uns durch dein Wort –
dein Wort, das uns stärkt,
das uns sagt, was gut ist, das uns hoffen lässt.

So bitten wir dich heute:
Sprich wieder neu zu uns, um uns zu vergewissern,
unsrer Hoffnung Grund zu geben
und Wege zu weisen, die wir gehen können.

217

Herr, wie du willst, soll mir geschehn,
und wie du willst, so will ich gehn,
hilf deinen Willen nur verstehn.

Herr, wann du willst, dann ist es Zeit,
und wann du willst, bin ich bereit,
heut und in alle Ewigkeit.

Herr, was du willst, das nehm ich hin,
und was du willst, ist mir Gewinn,
genug, dass ich dein Eigen bin.

Herr, weil du's willst, drum ist es gut,
und weil du's willst, drum hab ich Mut,
mein Herz in deinen Händen ruht.

218

Jesus,
so viele Menschen kamen damals zu dir:
junge und alte,
Kinder und Erwachsene,
gesunde und kranke.
Du nahmst dir Zeit für sie.
Du warst für sie da.
Du hast ihnen zugehört.
Du hast sie angenommen.
Du hast sie geheilt
und für jeden ein gutes Wort übrig gehabt.
So hast du sie gesegnet
und ihnen gezeigt, dass sie Kinder Gottes sind.

So komme auch ich jetzt zu dir.
Ich lade meine Sorgen bei dir ab, meine Angst, meine Schmerzen,
meine Krankheit, meine Hoffnungen –
und suche Schutz und Trost in deiner Hand.
Ich bin sicher, dass du mich nicht alleine lässt und bei mir bist,
dass du mich auch in Krankheit und Ängsten begleitest
und mich segnest, denn du bist ein Freund des Lebens.
Dir vertraue ich heute und an jedem neuen Tag.

Klagegebete nach einer Krankheitsdiagnose

219

Eigentlich – kommt diese Krankheit gänzlich ungelegen.
Eigentlich – bleibt so vieles liegen, etliches wäre zu erledigen.
Eigentlich – habe ich jetzt gar keine Zeit, untätig zu sein.
Eigentlich – würde ich gerne vieles vom Bett aus organisieren.
Eigentlich – geht es gar nicht ohne mich!
Aber …
Warum ausgerechnet jetzt?
Warum ausgerechnet ich?
Warum ist auf meinen Körper kein Verlass?
Und warum dauert das so lange?
Ich verstehe es nicht
und bin äußerst ärgerlich.
Auch auf dich, Gott!
Ich sehe keinen Sinn
hinter diesen Krankheitstagen,
kann mir nicht vorstellen,
dass diese Zeit zu etwas nütze ist.

220

Du Herr über Leben und Tod,
ich weiß: Diese Krankheit führt zum Tod.
Nur wenig Zeit ist mir noch gegeben.
Ich bitte dich:
Lass mich die Zeit nützen.
Lass mich tun, was wichtig ist.
Wandle die Gewissheit des Todes
in fließendes Leben
für mich und meine Umgebung.

221

Nein, nein, nein!
Das kann nicht sein.
Warum nur?
Gerade habe ich das Ergebnis der Gewebeprobe erfahren:
Positiv!

Was ist daran positiv, Krebs zu haben?
Wie erstarrt saß ich da,
konnte nichts sagen,
wollte nichts weiter hören.

Der Arzt sagte,
er komme später noch einmal wieder,
um alles in Ruhe mit mir zu besprechen.

In Ruhe?

Meine Gedanken kreisen unentwegt,
mein Puls rast.
Krebs,
nur dieses eine Wort
frisst sich wie ein schlimmes Geschwür in mich hinein.

Das darf einfach nicht sein!
Ich will es nicht glauben.
Warum gerade ich?
Wie soll das nur werden?
Was kommt auf mich zu?
Und meine Familie?
O Gott, wenn es die Kinder erfahren?

Ich bin völlig verzweifelt.
Hast du mich denn ganz und gar verlassen?
Hilf mir doch, Gott!
Ich habe solche Angst!

Gebet nach einer schlimmen Diagnose bei einem Angehörigen

222

Du Gott des Lebens,
schau liebevoll auf *N. N.*
Momentan herrscht große Verwirrung und Ratlosigkeit.
Die Nachricht, … zu haben, schmerzt.
Wende dich du ihm/ihr heilend zu
und stärke ihn/sie mit neuer Zuversicht,
dass du alle Wege mit uns gehst.
Darum bitten wir durch Christus, unseren Bruder und Herrn.

Gebet vor einem Besuch im Krankenhaus

223

Herr, ich mache mich jetzt auf den Weg, *N. N.* zu besuchen.
Ich habe Angst davor, Angst vor der Begegnung,
weil ich nicht weiß, ob ich erschrecke
und ob ich dann die rechten Worte finde,
Worte, die Mut machen,
die trösten, die von Herzen kommen.
Dein Geist begleite mich,
er gebe mir die rechten Worte in den Mund,
er gebe mir Kraft, weil ich so wenig stark bin.

224

Jetzt will ich zu einem Kranken gehen
und dich bitten, mitzukommen.
Mach mich frei und offen
für den Kranken, der auf mich wartet.
Lass es eine gute Begegnung werden,
Kraft und neues Leben für ihn und mich.

Gebete bei einem Krankenhausaufenthalt

225

Untersuchungen, Diagnosen, Therapien.
Kaum Zeit, zu verarbeiten:
das Neue, Fremde, Ängstigende.
Eigene Sorgen und die meiner Angehörigen
füllen meine Gedanken bei Tag und bei Nacht.
Bei dir, Gott, darf ich einfach sein.
Gönne meiner Unruhe eine Pause.
Lass mich deine Nähe spüren
in aller Unsicherheit.
Umgib mich mit deinem Schutz
und lass mich ruhen
in deiner Gegenwart.

Gott, du hast mich bei meinem Namen gerufen.
Ich vertraue darauf, dass der Name, mit dem du mich rufst,
dass das, was mich ausmacht,
nicht kaputtgemacht werden kann durch eine Krankheit,
ja, nicht einmal durch den Tod.
Du hältst fest an der Einzigartigkeit eines/einer jeden von uns.
Du gibst uns Kraft,
einander als von dir geschaffene Wesen zu begreifen.
Nicht unsere Leistung macht uns zu Menschen,
nicht unsere Arbeit, unsere Schönheit,
unser Tun und unsere Gaben und Fähigkeiten.
Nein, was uns zu Menschen macht, ist der Lebensodem,
den du einem/einer jeden von uns eingehaucht hast.

Gebete vor einer Operation

227

Jesus, ich habe Angst vor der Operation.
Ich habe Angst, dass etwas schiefgehen könnte,
auch Angst, dass ich sterben könnte.
Du kennst diese Angst. Du hast auch Angst gehabt auf dem Ölberg,
als dein Leben bedroht war.
Sei du mir nahe in meiner Angst und stärke mich,

so wie auch du damals von einem Engel gestärkt wurdest.
Nimm auch die Angst vor dem Sterben von mir.
Verzeihe mir alle meine Fehler und Sünden.
Wenn ich durch deine verzeihende Liebe
diesen Frieden des Herzens in mir habe,
dann weiß ich, dass der Tod nur ein Übergang
zu einem noch schöneren Leben ist.
Schenke mir innere Ruhe und Gelassenheit,
weil ich mein Leben ganz in deinen Händen weiß.
Jesus, ich möchte dich auch bitten für die Ärzte, die mich operieren.
Stärke auch sie bei meiner Operation.
Lass sie ihre Arbeit an meinem Körper konzentriert
und gut verrichten.
Ich möchte mein Leben ganz unter deinen Schutz stellen.
Segne meine Zukunft.
Schenke mir Gesundheit und inneren Frieden.

228

Herr der ganzen Welt,
mein Geist ist stets geborgen in deiner Hand,
ob ich schlafe oder wach bin.
Und auch mein Leib ist geborgen in dir,
ich fürchte mich nicht, denn du bist bei mir.

Vater im Himmel, der Tag der OP ist gekommen.
Ich weiß, dass dieser Eingriff notwendig ist und mir helfen soll.
Dennoch ist meine Angst sehr groß.
Ich fürchte mich vor der Bewusstlosigkeit,
den Schmerzen
und auch dem möglichen Misslingen der Operation.
Ich komme zu dir mit meiner Furcht.
Trage du mich auf deinen Händen
und lass deine wachsamen Augen nicht von mir.
Gib mir Gelassenheit und Vertrauen.
Gib den Ärzten eine ruhige Hand,
lass die Operation glücken und zu meiner Heilung beitragen.
Sei auch bei denen, die in Angst um mich sind,
und durchdringe sie mit deiner Kraft,
dass sie die Zeit des Wartens und der Unsicherheit ertragen können.
Ich danke dir,
dass du mich auch in dieser Situation nicht alleine lässt.

Gebet vor der Operation eines Angehörigen

230

Gott, unser Retter,
in großer Bedrängnis rufen wir zu dir.

Komm *N. N.* liebevoll zu Hilfe.
Er/Sie wartet auf eine Operation.
Lass dich spüren als Gott des Lebens und der Zukunft
und lege in dieser Stunde deine segnende Hand auf ihn/sie.
Darum bitten wir durch Christus, unseren Bruder und Herrn.

Gebet nach einem Krankenhausaufenthalt

231

Gott sei Dank!
Ich werde entlassen.
Noch nicht vollständig genesen,
aber stark genug,
zu Hause gesund zu werden.

Danke für das Können der Ärzte,
die Geduld des Pflegepersonals,
die Kraft der Medikamente und Therapien
und für deinen Schutz und Segen!
Durch sie bin ich auf dem Weg der Besserung.

Danke!

Gebete nach der Genesung

232

Mein Gott, ich danke dir,
dass du mich aufgerichtet und gestärkt hast.
Ich darf gesund werden und kann wieder meinen Weg
gehen und meine Arbeit tun.
Hilf mir, dafür stets dankbar zu bleiben.
Leite mich durch deinen Geist,
dass ich dir zur Ehre lebe,
dass ich dir diene und dich lobe.

233

Lieber Vater im Himmel,
ich danke dir für deine treue Hilfe.
Du hast mir mein Leben neu geschenkt
und gibst mich den Meinen wieder.
Lass mich das nicht vergessen.
Gib mir Mut und Kraft,
meine Arbeit aufs neue zu beginnen.
Du bist die Quelle des Lebens,
du bist der Ursprung aller Freude,
du bist der Geber allen Trostes.
Dir sei die Ehre in Ewigkeit.

Gebet bei einer Reha

234

Guter Gott,
zurzeit ist alles sehr verwirrend.
Es kommt mir vor, als wäre ich in einem Labyrinth unterwegs:

Der Weg verläuft in Kurven und Windungen,
mal in diese Richtung, dann wieder in eine andere. –
Aber wo führt das hin?
Ich weiß nicht, wie lange das noch so geht.
Ich sehe kein Ziel.
Ich sehe immer nur den kurzen Abschnitt bis zur nächsten Biegung.

Und weil mir nichts anderes übrigbleibt,
gehe ich einfach weiter, Abschnitt für Abschnitt.
Da wird mir plötzlich klar,
dass ich mich ja gar nicht beeilen muss.
Ich darf mir Zeit lassen. Die Sache dauert eh noch.
Und je langsamer ich gehe, desto ruhiger werde ich.
Mein Atem wird tiefer. Ich bin nicht mehr so gehetzt.
Ich atme, ich gehe, ich biege ab
und schaue, was als Nächstes dran ist.
Ich atme, ich gehe, ich biege ab …

Dabei spüre ich mit der Zeit,
wie mir dies guttut.

Die Langsamkeit, die Konzentration auf Weniges
erden mich, bringen mich zu mir selber.
Ist es das, Gott, was du mir zeigen willst?
Ist das der Sinn der Übung?

Um eines bitte ich dich jedenfalls:
Sei bei allen, denen es gerade genauso geht!
Nimm sie an der Hand und lass sie spüren,
dass du mitgehst, dass du uns begleitest
auf diesem Weg im Labyrinth!
Mit dir kommen wir da durch.

Gebet für einen Langzeitkranken

235

Du Gott,
der du uns aus Liebe als deine Ebenbilder erschaffen hast,
blicke liebevoll auf *N. N.*
Ein langer Krankheitsweg hat ihn/sie schon sehr geschwächt.
Manchmal ist es zum Verzweifeln.
Wir bitten dich:
Rufe ihm/ihr heute neu seine/ihre Würde ins Gedächtnis,
mit der wir alle unterwegs sind.
Lass ihn/sie erfahren,
dass du dich um uns Menschen sorgst

wie ein guter Vater und eine liebende Mutter.
Lass dich spüren, Gott.

Gebet beim Einnehmen von Medizin

236

Herr, unser Gott, Schöpfer der Welt,
du hast diese Erde mit mannigfachen Rohstoffen geschaffen
und mit allerlei Pflanzen ausgestattet.
Uns Menschen hast du Verstand und Fähigkeiten geschenkt.
Segne mich, wenn ich diese Medizin einnehme.
Gepriesen bist du in Ewigkeit.

BETEN MIT DEM GOTTESLOB

Gebete
im Umfeld von Sterben,
Tod und Trauer

Gelobt seist du,

mein Herr,

für unsere Schwester,

den leiblichen Tod.

Kindergebete bei einem Todesfall in der Familie

237

Lieber Gott, *N. N.* ist tot.
Er/Sie war sehr krank.
Der Arzt sagt: „Nun ist er/sie erlöst von den Schmerzen."
Eigentlich sollten wir froh darüber sein.
Aber wir sind nicht froh, sondern sehr traurig.
Wir müssen viel weinen, denn *N. N.* fehlt uns.
Wie sollten wir da nicht traurig sein?
Bitte, lieber Gott, sorge du jetzt für ihn/sie.

238

Guter Gott, *N. N.* ist tot. Das bedrückt uns sehr.
Wir haben keine Lust mehr zum Spielen und Fröhlichsein.
Warum musste *N. N.* sterben?
Wir verstehen das nicht.
Wir bitten dich: Schenk uns Mut und bleib bei uns.

Guter Gott, wir wünschen uns,
dass du wie ein Licht in dieser Zeit bei uns bist
und in unsere Traurigkeit leuchtest.
Sei bei uns und bei *N. N.*

Gebete im Angesicht des Todes

239

Herr, unser Gott,
wir sind in deinem Namen um *N. N.* versammelt.
Es macht uns traurig, dass sein/ihr Leben zu Ende geht,
aber wir Christen leben aus dem Glauben,
dass uns das Leben nicht genommen,
sondern gewandelt wird.
Wir bitten dich: Stärke *N. N.* in dieser Stunde
und gib ihm/ihr Kraft für den Übergang in ein neues Leben bei dir.

Gebete unmittelbar nach dem Tod

240

Herr, unser Gott,
wir empfehlen dir unseren Bruder / unsere Schwester *N. N.*
In den Augen der Welt ist er/sie tot.
Lass ihn/sie leben bei dir.
Und was er/sie aus menschlicher Schwäche gefehlt hat,
das tilge du in deinem Erbarmen.

241

Heiliger, unsterblicher Gott,
Vater unseres Herrn Jesus Christus und unser Vater.
Aus Liebe hast du uns Menschen geschaffen
und uns Leben von deinem unvergänglichen Leben eingehaucht.
Du lässt nicht für immer erkalten
die Hände, die sich nach dir ausgestreckt,
die Augen, die deine Schönheit gesucht,
die Herzen, die deine Ruhe ersehnt haben.
Du lässt im Tod nicht untergehen,
die du zur ewigen Gemeinschaft mit dir berufen hast.
Schenke *N. N.*, der / die gerade in den Augen der Welt gestorben ist,
Anteil am Geheimnis des Sterbens
und der Auferstehung deines Sohnes
und vollende nun, was du mit seiner/ihrer Taufe begonnen hast.

242

Herr, unser Gott,
ein Menschenleben ist zu Ende gegangen.
Ein Leben mit Freude und Schmerzen,
mit Erfolgen und Misserfolgen,
mit Hoffnungen und Enttäuschungen,
mit glücklichen und traurigen Tagen.

Herr, wir glauben, dass du Ja gesagt hast zu diesem Leben,
dass du diesem Menschen nahe warst auf allen seinen Wegen,
ob er es wusste oder nicht,
ob er deinem Dasein vertraute oder nicht.
Du nimmst diesen Menschen auf
in deine Welt der Ewigkeit und Unvergänglichkeit.

Herr, wir geben dir diesen Menschen zurück.
Wir danken dir für alles Gute und Schöne,
das er in diese Welt und in unser Leben gebracht hat.
Sei barmherzig gegenüber
seinen Schwächen und Unzulänglichkeiten.
Heile du die Wunden seiner Seele,
die er durch die Belastungen und Verstrickungen
in dieser Welt erfahren hat.

Uns, den Zurückgebliebenen, schenke Trost und Kraft
für die Zeit ohne ihn/sie.
Darum bitten wir dich, ewiger, Leben spendender Gott,
durch Christus, unseren Herrn.

243

Gott allen Trostes,
im Angesicht des Todes von *N. N.*
sind wir hilflos und ohne Verstehen.
Es fällt uns schwer,
deine Gerechtigkeit und deine Weisheit darin zu erkennen.
Wir bitten dich:
Nimm *N. N.* auf in deinen Frieden
und gib uns Kraft und Trost in dieser schweren Stunde,
durch Jesus Christus, den Gekreuzigten und Auferstandenen,
der mit dir und dem Heiligen Geist
lebt und Leben schafft in Zeit und Ewigkeit.

Gebete zum Anzünden einer Grabkerze
(an Gedenktagen und an Allerseelen)

244

Gepriesen bist du, Herr, unser Gott,
der du Himmel und Erde erschaffen
und Licht und Finsternis geschieden hast.
So, wie dieses Licht die Dunkelheit erhellt,
so erhelle du den Tod von *N. N.*,
an dessen/deren Grab wir diese Kerze entzünden.
Gewähre ihm/ihr Anteil an der Auferstehung deines Sohnes,
der den Tod besiegt hat.

245

Der uns das Licht geschenkt,
als Erde aus dem Wasser trat,
er segne dieses Licht,
in dunkler Nacht für uns entzündet –
als Zeichen, dass er lebt,
der dort am Kreuz gehangen.
Damit das letzte Wort gesprochen
nicht vom Tod, sondern von ihm,
der Leben will und bei uns lebt.
Auch jene Kerzen segne er,
die wir an seinem Licht entzünden –
den Toten an die Gräber tragen,
damit sein ewiges Licht jetzt denen leuchte,
die warten auf den Tag,
da Ostersonne sie her1aufführt,
den Gräbern zu entfliehen,
dorthin zu eilen,
wo er entgegenkommt.
Der Gott, der Anfang ist und Ende,
ein Vater, ein Sohn und
ein Leben spendender Geist –
ihm sei Lobpreis und Ehre in Ewigkeit.

Gebete bei einem Grabbesuch

246

Allmächtiger Gott,
wir glauben und bekennen,
dass du deinen Sohn
als Ersten von den Toten auferweckt hast.
Stärke unsere Hoffnung,
dass du auch N. N. und alle, die hier ruhen,
auferwecken wirst zum ewigen Leben.

247

Allmächtiger, ewiger Gott,
bei dir ist niemand verloren und vergessen,
auch keiner, der im Grab liegt.
Bei dir ist unser Leben aufgehoben,
weil wir nicht tiefer fallen können,
als in deine guten Hände.
Aus dem Leben und Sterben deines Sohnes,
aus seinem Grab und seiner Auferstehung
schöpfen wir Hoffnung,
die auch uns im Leben und Sterben tragen kann.
Herr, sei gepriesen in Ewigkeit.

Gebet an einem Urnengrab

248

Der Adam schuf
aus Lehm, und leicht
aus Erde ihn gebildet:

Er hüte diese Asche,
Leib gewesen – Gottes Ebenbild sogar –
und lass sie nicht aus seinen Augen
bis zu dem Tag,
da Engel rufen zum Gericht,
da Lebensodem Gräber sucht und findet.

Damit Versprochenes gelingt,
geb' Er den Segen jetzt und dann.
So werden Gräber offen,
aus Staub der neue Mensch,
die Wüste wieder blühen.

Das gebe Gott, der's so gewollt,
der Menschen Vater, Bruder
und ihr Tröster Geist.

Gebet für die verstorbenen Eltern

249

Herr, unser Gott,
das Leben meiner Mutter / meines Vaters ist zu Ende gegangen:
Ein Leben mit Freuden und Schmerzen,
mit Erfolgen und Misserfolgen,
mit Hoffnungen und Enttäuschungen,
mit glücklichen und traurigen Stunden.

Gott, ich glaube, dass du Ja gesagt hast zu diesem Leben,
dass du meiner Mutter / meinem Vater nahe warst auf allen Wegen.

Lehre mich, in rechter Weise loszulassen
und sie/ihn doch in meinem Herzen für immer zu bewahren.
Lass mich lernen aus ihren/seinen Stärken und Fähigkeiten,
aber auch von ihren/seinen Fehlern und Eigenheiten.

Schenke Frieden, o Gott, uns Lebenden mit den Verstorbenen.
Schenke Frieden den Verstorbenen mit den Lebenden
und mit denen, die ihnen vorausgegangen sind.

Dir sei Dank und Lobpreis in Ewigkeit.

Gebet für einen verstorbenen Ehepartner

250

Gott,
Unbegreiflicher.
Nur ein halber Mensch bin ich.
Ein Stück von mir ist ins Grab gesunken.
Wie soll ich ohne *N. N.* leben?
Wie kann ich essen ohne sie/ihn?
Wie kann ich schlafen, ohne sie/ihn neben mir zu wissen?

Gott,
erwecke *N. N.* zu neuem Leben,
in dem ich bei ihr/ihm bin
und sie/er bei mir.

Lass mich ganz werden,
indem ich mich löse
und *N. N.* dir überlasse.

Gebet für verstorbene Kinder

251

So gerne hätten wir unser Kind noch öfter beim Namen gerufen.
Gott, du kennst jeden Namen, alle sind im Himmel geschrieben,
das hast du uns zugesagt.
Und nichts kann uns von deinem Ja über unserem Leben trennen.
In unserer Trauer lass uns diese Gewissheit tröstlich werden.

Gebete nach einem Suizid

252

Gott,
du Ursprung und Ziel aller Wege,
du bist da, durch alle Zeiten,
in guten und schweren Tagen
und über den Tod hinaus.
Du hast *N. N.* aus Liebe geschaffen
und ins Leben gerufen,
auch wenn es für ihn/sie zu schwer wurde.
Segne *N. N.* und lass ihn/sie finden,
wonach er/sie sich sehnte
und in dieser Welt nicht gefunden hat.

253

Barmherziger Gott, in tiefem Glauben und voller Hoffnung
vertrauen wir dir das Leben von *N. N.* an,
weil wir erahnen, wie du in seinem/ihrem Leben
auf so vielfältige Weise gewirkt hast.
Zugleich stehen wir aber auch zu unseren Grenzen,
die im Miteinander erfahrbar waren.

Nicht immer konnten wir *N. N.* das geben, was er/sie brauchte.
Nicht immer brachten wir ihm/ihr die Zeit,
die Geduld, die Wärme und das Wohlwollen entgegen,
das er/sie verdiente und das wir ihm/ihr gerne geschenkt hätten.

Erfülle und vollende du, Gott,
mit deinem liebenden und versöhnenden Geist all das,
was im Leben von *N. N.* unfertig und bruchstückhaft geblieben ist.
Nimm ihn/sie in deine alle umfassenden Arme
und lass ihn/sie deine grenzenlose Liebe erleben.

Rühre du unsere Herzen an,
damit wir Fehler, Versagen und Ungenügen
uns selbst und anderen verzeihen können
und auch über den Tod hinaus unserem/unserer Verstorbenen
in Wohlwollen und Verzeihung gedenken,
durch Christus, der von den Toten erstanden ist
und unser Weggefährte sein will.

254

Gütiger Gott, Vater aller Menschen, wir bitten dich für *N. N.*,
dessen/deren Leben durch Licht und Dunkelheit geführt hat.
Befreie ihn/sie von allem Leid
und führe ihn/sie zu Glück und Freude in deinem Reich.
Vergib uns, was wir durch Unverständnis an ihm/ihr gefehlt haben,
und hilf uns verstehen,
was du uns durch dieses Menschenleben sagen wolltest.
Erhalte uns den Glauben, der die Welt überwindet,
und führe den Tag herauf, der alles Stückwerk vollendet.

BETEN MIT DEM GOTTESLOB

18,1   Heilige Maria, Mutter Gottes, bitte für uns
18,2   Herr, mitten im Leben
18,3   Herr, N. ist tot
18,4   Gott – wir verstehen dich nicht
18,5   Herr, gib ihm (ihr) die ewige Ruhe
705,2 Allmächtiger Gott, hilflos stehen wir
705,3 Gott, unser Vater, wir empfehlen dir
705,4 Gütiger Vater, in deine Hände
705,5 Wir danken dir, ewiger Gott

Er, der auf dem Thron saß, sprach:
Siehe, ich mache alles neu
(Offb 21,5)

Letzte Hymne

255

Ehre, wem Ehre gebührt,
leuchtend lebendiger Gott.
Dir gebührt jede Stimme,
jede Faser des Singens.
Der uns erzeugt und lässt sein,
uns offenbart und neu atmet,
einer, vollends in allen und über allen hinaus,
Vater, Sohn und Geist,
Quelle, Wasser und Strömung,
der Liebe erster Beginn,
der Liebe Weg, der Liebe Treue,
du, der lässt leuchten das Meer,
leuchten Erde und Himmel,
ström' deine Menschen voll Kraft,
lass aufleben die Augen.
Möge es werden, endlich,
was du gewollt hast von Anfang:
Licht, das nicht stirbt,
Liebe, die bleibt.

GRÜSS DICH, GOTT
Ein kleiner Leitfaden für das persönliche Beten

„Ich würde ja gerne beten, aber es fällt mir so schwer."
„Ich kann mich nicht konzentrieren. Meine Gedanken schweifen dauernd ab."
Solche oder ähnliche Aussagen sind vielfach zu hören, wenn es um das Beten geht. Da mag es tröstlich erscheinen, dass wir mit solchen Gebetsschwierigkeiten in guter Gesellschaft sind. Im Lukasevangelium wenden sich die Jünger mit der Bitte an Jesus: „Herr, lehre uns beten, wie schon Johannes seine Jünger beten gelehrt hat." (Lk 11,1)
Hätten nicht auch wir schon oft diese Bitte an Jesus richten wollen?

Das Gebet ist einer der zentralen religiösen Daseinsvollzüge und die wichtigste Lebensäußerung des Glaubens. Ein glaubender Mensch ist ein betender Mensch. Das Gebet ist „sprechender Glaube" (Otto Hermann Pesch), und dennoch wissen wir oft nicht, wie wir beten sollen.

Dieser Leitfaden will Lust am persönlichen Beten wecken und für das Gespräch mit Gott sensibilisieren.

ORT

Ich kann an jedem Ort der Welt beten. Wenn möglich, wähle ich zum Beten einen Ort aus, der mich anspricht und den ich im Idealfall täglich aufsuchen kann, um mein Gebet zu verorten.

ZEIT

Gelingt es mir, meinem Tag eine gewisse Struktur zu geben, sollte auch das Gebet darin seinen Platz haben. Die Festlegung einer bestimmten Zeit kann dabei hilfreich sein. Gut ist es, möglichst täglich zur selben Zeit zu beten. Es sollte eine „gute" Zeit sein, keine „Abfallzeit".

HALTUNG

Nicht selten krankt das Gebet daran, dass es zu „verkopft" ist. Wir verstehen das Gebet zu einseitig als eine rein denkerische Tätigkeit. Doch wir stehen als ganze Menschen vor Gott, nicht nur mit unserem Kopf. Beten ist deshalb eine Sache von Leib und Seele.

Grundsätzlich ist fast jede Körperhaltung beim Gebet möglich:

Stehen Stehen drückt Achtung und Ehrfurcht aus, aber auch Wachsamkeit und Bereitschaft.
Ich stehe ruhig da, sage kein Wort, stehe nur. Ich darf als Christ vor meinem Gott stehen.

Gehen Gehen ist Bewegung, bringt in Bewegung. Jesus sagt von sich: „Ich bin der Weg ..." (Joh 14,6), dieser Weg führt zum Vater.
Ich laufe mir meine Probleme, Sorgen, Anliegen ... von der Seele. Wie die Emmaus-Jünger lade ich den Herrn ein, mit mir zu gehen. Der Rhythmus meiner Schritte, meines Atems geben meinem Gebet Halt.

Knien Wer kniet, verringert seine körperliche Größe. Das Geschöpf kniet vor seinem Schöpfer. Das kniende Beten drückt aus: Gott allein ist der Große. Es ist Ausdruck der Ehrfurcht, der Verehrung, der Buß-gesinnung, des flehentlichen Bittens und der Hingabe an Gottes Willen.
Ich knie vor meinem Schöpfer. Ich weiß mich in der Liebe und Barmherzigkeit Gottes geborgen.
Knien kann auch ein äußerer Ausdruck für eine Haltung in der Nachfolge Jesu sein: Wer kniet, begibt sich auf Augenhöhe mit

dem dienenden Christus. Jesus hat sich vor die Apostel hingekniet, um ihnen die Füße zu waschen.

„Ich habe euch ein Beispiel gegeben, damit auch ihr so handelt, wie ich an euch gehandelt habe." (Joh 13,15)

Ich stelle mein ganzes Ego hinten an, meinen Stolz, meine Selbstbezogenheit und versuche mit den Augen des Herrn zu sehen: die Bedürftigen, die Notleidenden, die Kranken, die Alten, ... meine/n Nächste/n.

Sitzen   Sitzen ist Ausdruck aufmerksamen Zuhörens, ist die Haltung des Lehrers und seiner Zuhörer (vgl. Lk 2,46; Lk 10,39).
Wer sitzt, ist aufnahmebereit, hat Ruhe, kann (zu-)hören.

Liegen   Wer im Liegen betet, lässt los und verzichtet auf Bewegung, Aktionen und Aktivitäten. Die Hände sind frei, man ist entspannt, ansprechbar, empfänglich.
Was gibt es Schöneres, als mit den letzten Gedanken vor dem Einschlafen bei Gott zu sein? Viele, die aufgrund einer Krankheit im Bett liegen müssen, können nur so beten.

SAMMLUNG

Um ruhig zu werden und in die richtige innere Haltung für das Gebet zu finden, gibt es verschiedene Methoden und Möglichkeiten.
Im Folgenden sollen zwei einfache Übungen vorgestellt werden.

Übung (1)

Verweilen vor Gott –
Ich darf da sein, ich muss jetzt nichts leisten

Ich beginne die Übung, indem ich mir einen Platz suche, an dem ich während der festgelegten Zeit des Betens (zumindest 10 bis 15 Minuten) ungestört sein kann.

Ich nehme eine gute Körperhaltung ein. Am besten wäre das Sitzen auf einem Stuhl mit einer guten Sitzfläche und mit einer Lehne, die den Rücken unterstützt. Man könnte die Übung aber auch auf dem Rücken liegend versuchen.

Ich versuche, mich selbst in meinem Leib wahrzunehmen, meinen Kontakt zur Sitzfläche, die Beine, die Füße, meine Arme, …

Ich muss jetzt nichts anderes tun, als bewusst da zu sein. Ich habe die Zeit zum Verweilen zur Verfügung, die ich mir vorgenommen habe. Ich muss in dieser Zeit nichts leisten (auch keine bestimmte Gebetsleistung erbringen!), ich darf einfach da sein.

Nun stelle ich mir vor, dass Gott auf mich sieht. Er tut dies nicht wie ein strenger Herr, der einen Untergebenen im Auge behält, damit er seinen Pflichten nachkommt. Vielmehr sieht Gott auf mich wie ein guter Vater und eine liebende Mutter, voll Liebe und Güte.

Übung (2)

Ich nehme den Rhythmus meines Atems wahr

Wenn ich ruhig und entspannt dasitze (oder liege), richte ich meine
Aufmerksamkeit auf meinen eigenen Atem.
Ich kontrolliere meinen Atem dabei aber nicht, und ich versuche nicht,
ihn zu steuern.

Werde ich zerstreut, so kehre ich stets mit erneuter Aufmerksamkeit zu
meiner Aufgabe zurück: das Fließen des Atems wahrnehmen.
Ich überlasse mich einfach dem Rhythmus des Atems.

Ich kann die einströmende Luft verstehen als Zeichen des Lebens,
das Gott mir gegeben hat und mir fortwährend gibt.

Zum Abschluss der Übung kann ich Gott, meinem Schöpfer,
mit eigenen Worten für das Geschenk des Lebens danken oder
langsam ein vorformuliertes Gebet sprechen, etwa das Vaterunser.

ERÖFFNUNG

Empfehlenswert ist es, sich ein festes persönliches Eröffnungsritual anzugewöhnen. Ich beginne das Gebet damit, mich in Gottes Gegenwart zu versetzen:

Ein bewusst gebetetes Kreuzzeichen:

> Im Namen des Vaters und des Sohnes und des Heiligen Geistes.

Oder: O Gott, komm mir zu Hilfe. Herr, eile mir zu helfen.

Oder: Gebet des Klaus von der Flüe: (GL 9,5)
> Mein Herr und mein Gott, / nimm alles von mir, was mich hindert zu dir. / Mein Herr und mein Gott, / gib alles mir, was mich fördert zu dir. / Mein Herr und mein Gott, / nimm mich mir und gib mich ganz zu eigen dir.

Oder: Heiliger Geist, erleuchte und führe mich, bewege und stärke mich, verwandle und heilige mich.

Oder: Herr, mein Gott, du schenkst das Wollen und das Vollbringen. Komm meinem Beten und Arbeiten mit deiner Gnade zuvor und begleite es, damit alles, was ich beginne, bei dir seinen Anfang nehme und durch dich vollendet werde.

Nach Messbuch II